弁護士のための
イチからわかる
相続財産管理人・
不在者財産管理人の
実務

弁護士 吉村 孝太郎 著

日本法令®

はじめに

本書では、相続人不存在の場合の財産管理人（民法951条以下）を「相続財産管理人」と整理しています。また、家庭裁判所が不在者のために選任する財産管理人（民法25条以下）を「不在者財産管理人」と整理しています。

近年、社会情勢の変化もあり、家庭裁判所が選任するこれら財産管理人の需要が増えています。たとえば、所有者不明、不在の空き家対策に一役買うのではないかと社会的な関心も寄せられています。今後、益々、財産管理人の選任数は増えていくでしょう。

これら財産管理人の多くは法律家（弁護士）が選任されています。弁護士は、社会正義を使命として誠実な業務遂行をしなければなりません（弁護士法１条）。弁護士の有するだろう深い教養と高い品性（弁護士法２条）に期待されているのです。

とはいえ、いずれも民法典に記載される重要な制度でありながら、よくわからないという方も多いかもしれません。条文数は多くはありませんが、実務家にとって明確な指針も少なく、判断や処理に迷うことが多いのも事実です。

本書では、まず、初めて選任されるだろう若手弁護士向けに実務の初歩的な部分にも多く触れ、基本的な部分を中心に整理しました。そして、筆者が取り扱ってきた事案、多数の弁護士から得た情報や意見、各種研修会、家庭裁判所より示唆を受けて蓄積した情報を整理し、この本１冊で相続財産管理人や不在者財産管理人業務が遂行できるように実務的な情報にも多く触れるようにしました。

弁護士業務の基本にも配慮しつつ作成したため物足りない部分があるかもしれませんが、本書の趣旨にもご理解いただけますと幸いです。

令和３年１月吉日

弁護士　吉村 孝太郎

CONTENTS

1 相続財産管理人の実務とノウハウ

CONTENTS

2 不在者財産管理人の実務とノウハウ

1

相続財産管理人の実務とノウハウ

相続財産管理人に選任されたときに
具体的にどのような流れで事件処理が進んでいくのか、
どのような業務に従事していくのか
経験がないとわからないことも多いと思います。
本章では、事件処理にあたっての基礎知識を踏まえつつ
実務的な事件処理のノウハウをまとめました。

相続人不存在の相続財産管理人の概要

相続人不存在の相続財産管理人の概要について、まず教えてください。

相続財産管理人の種類

実は民法典に規定される相続財産管理人は、相続発生後の相続財産管理のための相続財産管理人（民法918条２項）、相続人が限定承認した際に選任される相続財産管理人（民法936条１項）、相続放棄後の管理のための相続財産管理人（民法940条２項）、財産分離請求後の相続財産管理人（民法944条１項ただし書）など複数あります。

本書では、近時その選任数が増大している相続人不存在の相続財産管理人（民法952条１項）について整理しています。弁護士実務では選任申立に関わることも多いです。もちろん、他の根拠に基づく相続財産管理人に就任された場合でも、相続財産を管理する点では同様です。本書が参考になる部分があると思います。

相続人不存在の相続財産管理人とは

相続人のあることが明らかでない場合に、利害関係人の申立てによって選任される相続財産管理人です。その相続財産は法人と規定され、相続財産法人の管理人（代表者）として業務が予定されています（民法951条、952条１項）。

相続財産管理人は、家庭裁判所の監督下で相続財産を管理、清算して、権利者に財産を引き継ぎ、国庫に納付するなどの業務を担います。

☑ 相続が発生した場合において「相続人のあることが明らかでないとき」に選任されます。

☑ 相続財産法人の代表者として選任され、家庭裁判所の監督下で相続財産の管理、特別縁故者に対する相続財産分与、国庫納付などの業務に従事します。

☑ 公告の手続きが実施されます。

それら業務は公告の手続きとともに進みます（民法952条２項など)。

相続財産管理人として選任された弁護士は相続財産法人という独立した主体のために活動します。相続財産管理人の業務は、不在者財産管理人の条文（民法27条〜29条）が準用されています。実務上、両者は類似する点もたくさんあります。いずれかの経験は他方に役立ちます。

【民法 951 条（相続財産法人の成立)】
相続人のあることが明らかでないときは、相続財産は、法人とする。

【民法 952 条（相続財産の管理人の選任)】
1　前条の場合には、家庭裁判所は、利害関係人又は検察官の請求によって、相続財産の管理人を選任しなければならない。
2　前項の規定により相続財産の管理人を選任したときは、家庭裁判所は、遅滞なくこれを公告しなければならない。

【民法 953 条（不在者の財産の管理人に関する規定の準用)】
第 27 条から第 29 条までの規定は、前条第１項の相続財産の管理人（以下この章において単に「相続財産の管理人」という。）について準用する。

【弁護士が関わる財産管理人】

弁護士が裁判所から選任されて、他人の財産管理に関わる仕事はたくさんあります。本書で述べる相続財産管理人や不在者財産管理人のほかにも代表的なものとして、成年後見人、遺言執行者、破産管財人、清算人、特別代理人、一時取締役などです。

いずれも裁判所が選任することが多いですが、その際、弁護士が選任されることも多いものです。第三者的な立場からその職責を果たす必要がある点において、いずれも通じるところがあります。そして、財産管理人の業務は、他人の財産を一定の期間管理して法律関係を整理することです。これらの経験は弁護士としてのスキルアップにも役立ちます。チャンスがあれば逃げずに就任されることをお勧めします。

相続財産管理人の特徴

家庭裁判所の監督下での業務

相続財産管理人の業務は、家庭裁判所の監督下に置かれつつ、相続財産法人の財産を公正な立場で管理することが求められています。

相続人のあることが明らかでない相続財産（法人）のために行動することが求められた業務です。相続財産管理人は、家庭裁判所に監督される公正な立場にあることを肝に銘じながら、法令に沿って業務を遂行します。

通常の依頼者の代理業務を中心とする弁護士業務とは違った特殊な業務といえるでしょう。

一定の権限があること

相続財産管理人の業務は、財産管理以外にも、相続財産の換価、弁済、配当、特別縁故者に対する相続財産分与手続への関与、残余財産の国庫納付など多様な業務が予定されています。

相続財産管理人が自ら主体となって手続きを進め、相続財産にまつわる業務に従事します。一定の裁量がありますから、自らの判断で業務を進めることができます。ときには家庭裁判所との協議で理解を得て進めます。家庭裁判所の許可を得つつ、自らの業務遂行に問題のないことを確認しながら業務に従事することができます。

もちろん、責任が伴いますが、大変やりがいのある業務です。

社会経済に資する業務であること

相続財産管理人は財産管理業務や清算業務を担います。

相続財産管理人は、そのまま放置されかねなかった相続財産を活かすことが可能となります。その意味で社会経済に資するもので、業務内容それ自体に社会的意義があり、充実感を味わえる業務です。

近時、相続財産管理人制度の積極的活用の流れも見受けられます。いわゆる空き家、廃屋問題に関し、社会の関心が向けられるようになりました。相続財産管理人の選任数が増大傾向にあるなか、弁護士にとってはビジネスチャンスともいえます。

スキルアップのチャンス

相続財産管理人は、相続財産の内容や利害関係人の意向、相続財産法人を取り巻く状況の変化に応じて柔軟な対応をすることが期待されています。弁護士としての知見をフル活用して対応することも必要です。

裏を返せば、若手弁護士にとってはスキルアップのチャンスです。判断に困ったり、迷ったりした場合、自らを監督する家庭裁判所に相談しながら多様な業務に関わることができます。

相続財産管理人の業務終了時の達成感は非常に大きいと思います。

弁護士報酬

相続財産管理人の仕事は、一定の報酬が約束されています。

相続財産管理人選任の際、選任申立人には予納金を納付することが求められています。数十万円から百万円前後に及ぶ予納金です。この予納金は実務的には相続財産管理人の報酬の担保として納付されます。

また、管理した相続財産が多額に及ぶ場合には、予納金にかかわらず相続財産の中から報酬が支払われます。

報酬は後払いが原則となりますが、弁護士にとって報酬の支払いが約束された仕事は有難いものです。

このように公正の立場で法律家としての知見を活かしつつ、自らの判断で業務を遂行できるのが相続財産管理人の仕事です。

弁護士資格の重責を感じながら、自らの裁量で業務を進めることができて社会経済にも資する相続財産管理人の業務はとても面白い仕事なのです。そのうえ、報酬が支払われるのですから、弁護士業務としては理想的な仕事の１つといえるのではないでしょうか。

【所有者不明土地の利用の円滑化等に関する特別措置法】

所有者不明土地の増加を背景として、公共事業の推進などにおいて円滑な事業実施、所有者不明土地の利用の円滑化のために制定され、令和元年６月より全面施行されています。

所有者不明土地を円滑に利用する仕組み、所有者の探索を合理化する仕組み、所有者不明土地を適切に管理する仕組みを整えるための法律です。そして、この法律では、民法の特例として、国の行政機関の長、地方公共団体の長に、相続財産管理人と不在者財産管理人の選任申立権が付与されました。

今後、ますます相続財産管理人や不在者財産管理人の選任事案が増えるものと予測されます。

【所有者不明土地の利用の円滑化等に関する特別措置法38条】

国の行政機関の長又は地方公共団体の長は、所有者不明土地につき、その適切な管理のため特に必要があると認めるときは、家庭裁判所に対し、民法第25条第１項の規定による命令又は同法第952条第１項の規定による相続財産の管理人の選任の請求をすることができる。

相続財産管理人が選任されるケース

相続財産管理人は「相続人のあることが明らかでないとき」（民法951条）に選任されます。

具体的には、（1）戸籍上、相続人が不存在である場合、（2）法律上の制度の適用により相続人が不存在となった場合が考えられます。

また、問題となる場面として（3）戸籍上の相続人は存在するものの、相続人が相続手続に応じてくれない場合が考えられます。

戸籍上、相続人が不存在である場合

日本における相続手続は、戸籍で相続人を確定させることで手続きが進められています。戸籍上、相続人が不存在であれば、「相続人のあることが明らかでないとき」となります。

少子高齢化、未婚率の増加などの影響で、被相続人に相続人がいないというケースが増えています。相続人ではない親族が相続財産を預かっており取扱いに困っていたり、特別縁故者として相続財産の分与を受けたいと考えて申し立てたりします。

これらケースの場合、相続人のいないことがわかっていた被相続人においては、遺言を作成することで相続財産を受遺者に残すことができます。しかし遺言が厳格な要式制度であり、遺言作成のハードルが高く活用しきれていないという背景事情もあります。

法律上の制度の適用により相続人が不存在となった場合

もう１つ実務上多いのが、戸籍上の相続人全員が相続放棄の申述をした結果、相続人が不存在となったケースです。戸籍上の相続人が相続放棄の申述をすると、はじめから相続人ではないこと（民法939条）となり、「相続人のあることが明らかでないとき」となります。

主な事例としては、利害関係人である債権者が、被相続人の財産から自らの債権を回収する目的で申し立てたりします。

現代社会において容易に財産が構築しやすくなっていること（たとえば、低金利の住宅ローンで不動産購入が容易になっています）や家族の関係性の変化により相続関係からの離脱を望む相続人が増えているという背景事情もあります。

【民法939条（相続の放棄の効力）】
相続の放棄をした者は、その相続に関しては、初めから相続人とならなかったものとみなす。

そのほか、法律の制度上、相続人が不存在となる例としては、相続欠格や廃除、同時死亡の特例などが適用された結果として相続人が不存在となることも考えられます。

相続人が相続手続に応じてくれないケース

戸籍上、相続人が存在するのであれば、「相続人のあることが明らかでないとき」とはいえません。相続人が相続手続をしないからといっても、本書の相続財産管理人は選任されません。相続人が行方不明で相続手続が進まないのであれば、不在者財産管理人の選任の問題となります。

【弁護士成年後見人による相続財産管理人選任申立】

成年後見業務において被後見人が亡くなった場合には、成年後見人が管理していた財産は被後見人の相続人に引き継ぐのが原則です。

元後見人は、被相続人（被後見人）に相続人がいないことを把握したならば、自らが申立人となって相続財産管理人選任申立をして、選任された相続財産管理人に財産を引き継ぐ必要があります。元々、適切な親族後見人が存在せず弁護士後見人に就任したケースでは、相続人自体が存在しないケースも結構多いです。

このケースでは元後見人において相続財産を把握していますので、選任申立時の予納金が不要となることも考えられます。

【弁護士成年後見人による相続財産管理人選任申立（民法 918 条 2 項）】

被相続人（被後見人）に相続人が判明していても相続人間に争いがある場合など、元後見人が相続財産を事実上、誰にも引き継げないケースもあります。親族間にトラブルがあることを前提に弁護士後見人が選任されていることもありますから、この例も多いのです。元後見人としては、相続財産管理人などの権限ある者に引き継ぎたいと考えますが、相続人がいる以上、本書の相続財産管理人の選任申立はできません。

この場合、民法918条２項の相続財産管理人の選任をすることが考えられます。相続財産の保存のため、民法918条２項の相続財産管理人が選任されれば、権限ある者に財産を引き継ぐことが可能となります。さらには元後見人自身が選任される可能性も含めてその活用が議論され、運用もされているようです。民法918条２項の相続財産管理人は、相続人の法定代理人として相続財産の管理をすることになります。

【民法 918 条（相続財産の管理）】

1　相続人は、その固有財産におけるのと同一の注意をもって、相続財産を管理しなければならない。ただし、相続の承認又は放棄をしたときは、この限りでない。

2　家庭裁判所は、利害関係人又は検察官の請求によって、いつでも、相続財産の保存に必要な処分を命ずることができる。

3　第 27 条から第 29 条までの規定は、前項の規定により家庭裁判所が相続財産の管理人を選任した場合について準用する。

選任までのプロセス

相続財産管理人はどのようにして選任されるのでしょうか。

相続財産管理人選任の流れ

利害関係人の請求（申立て）に基づいて、家庭裁判所が審理し、家庭裁判所が適当と考える相続財産管理人を選任します。

弁護士の関わり方としては、利害関係人（申立人）の代理人として相続財産管理人選任申立をすること、申立人推薦の相続財産管理人の選任候補者となること、相続財産管理人として弁護士自身が選任されることなどが考えられます。また、相続財産管理人と交渉や契約をする相手方当事者の代理人となることも考えられます。

【相続財産管理人の選任までの流れ】

① 利害関係人による家庭裁判所に対する相続財産管理人選任申立

↓

② 家庭裁判所における相続財産管理人選任の審理

↓

③ 相続財産管理人候補者の選定、打診、内諾

↓

④ 相続財産管理人の選任審判

- ☑ 利害関係人が相続人不存在の相続を前提として、相続財産管理人の選任申立をします。
- ☑ 選任申立には多額の予納金が必要となることが多いです。
- ☑ 家庭裁判所が申立てを審理して、一定の基準に従い相続財産管理人を選任します。

利害関係人による相続財産管理人選任の申立て

相続財産管理人の選任には、相続人不存在の相続が発生した場合に利害関係人による申立てが必要です。申立ては、ある一定の相続財産を前提とします。

申立適格

選任申立人は「利害関係人または検察官」でなければなりません。

実務上、検察官が申し立てることは少なく、利害関係人として、次のような者が多くを占めていると考えられます。

- □ 相続債権者、相続債務者
- □ 親族（事実上の管理者、特別縁故者として主張を予定する者など）
- □ 被相続人の成年後見人であった者
- □ 地方公共団体の長　など

相続財産管理人選任申立には、選任申立人が被相続人との間に利害関係があることを示す必要があります。

相続債権者であれば契約書や請求書などになります。利害関係の内容に応じた相応の書類をもって示します。

利害関係の内容によって、相続財産管理人の業務の流れにも大きな影響を与えることが多いです。

被相続人の相続人が不存在であること

●戸籍上不存在である場合

相続が開始して、被相続人の「相続人のあることが明らかでないとき」の申立てでなければなりません。選任申立人は、被相続人が亡くなられていることを前提に相続人の不存在であることを戸籍謄本類で示します。

人は出生から死亡まで、本籍地の変更、戸籍の形式変更などを経て現在の戸籍（除籍）に繋がっています。相続人の有無の確認にあたっては、出生時の戸籍（改製原戸籍や除籍）から現在の戸籍（除籍）に繋がるすべての戸籍謄本類を確認する必要があります。

具体的には、

① 被相続人と被相続人の父母の出生時から死亡時までのすべての戸籍（除籍、改製原戸籍）謄本。被相続人の直系尊属の死亡の記載のある戸籍（除籍、改製原戸籍）謄本
② 被相続人の子（その代襲者）や被相続人の兄弟姉妹で死亡している方がいる場合、これら全員の出生時から死亡時までのすべての戸籍（除籍、改製原戸籍）謄本。代襲者としての甥姪で死亡している方がいる場合、その甥、または姪の死亡の記載がある戸籍（除籍、改製原戸籍）謄本

などをもって、相続人が存在しないこと示す必要があります。

【法定相続情報証明制度】

日本の相続実務では相続人の有無については戸籍類で確認します。その人が生まれてから亡くなるまでの戸籍や除籍から子供や兄弟姉妹の有無を確認し、相続人を特定していきます。

相続手続においては、手続きごとにすべての戸籍謄本類一式を提出して、相続人を特定して確認します。昔の戸籍は手書きで記載され、判読困難な文字も含まれます。すべて確認してチェックすることは大変な作業です。

相続手続の緩和を目的として平成29年５月より法定相続情報証明制度が運用されています。法定相続情報証明制度により認証された法定相続情報一覧図を使用すると、手続きごとに戸籍謄本類の束を持ち歩く必要がなくなります。

法定相続情報証明制度の利用には、申請者において事前に法定相続情報一覧図を作成し、戸籍類を収集して法務局に提出することが必要です。そうすると法務局は法定相続情報一覧図に認証文を付した写しを発行します。手数料は無料です。

法定相続情報証明制度によって発行された法定相続情報一覧図の写しの活用によって相続手続の簡略化が期待されています。

相続財産管理人選任申立においても、多数の戸籍謄本類に代えて法定相続情報一覧図の写しの提出でよくなっています。

●法律上の制度の適用により相続人が不存在となる場合

戸籍上の相続人が存在する場合でも、法律上の制度の適用により相続人が不存在となるのであれば、これを示す書類を添付します。

たとえば、相続放棄の申述が受理されたことにより相続人不存在となるケースでは、戸籍上の相続人をすべて特定し、そのすべての者が相続放棄の申述をしていることを示す必要があります。具体的には、すべての者の相続放棄申述の受理証明書をもって示すことが考えられます。

そして、実務上、すべての者の相続放棄申述の受理証明書に代えて「相続放棄・限定承認の申述の有無についての照会」制度を利用して、その回答書面を利用することが考えられます。これは、照会者（選任申立人）において家庭裁判所に対し、相続人の相続放棄申述の有無について書面をもって回答してもらう制度です。家庭裁判所が発行する回答書をもって、すべての相続人が相続放棄の申述をしたことを確認することができます。

【相続放棄・限定承認の申述の有無についての照会】

利害関係人が家庭裁判所（被相続人の最後の住所地を管轄する裁判所）に対して、相続放棄や限定承認の申述の有無について照会できる制度です。手数料は無料です。照会者において必要な書類を揃えて照会の申請をします。

一般には、照会者において照会申請書と被相続人等目録（次頁参照）を作成するとともに、被相続人の住民票の除票、被相続人の戸籍（除籍）謄本、照会者の住民票、戸籍謄本などの書類を揃える必要があります。利害関係人による照会であれば利害関係を証する書面が必要です。

先順位の相続人と後順位の相続人とでは、相続放棄の申述の起点となる日が異なりますし、相続人ごとに受理日も異なります。これら情報をまとめて回答してもらえます。

【相続放棄・限定承認の申述の有無についての照会・被相続人等目録の例】

被　相　続　人　等　目　録

被相続人	本　籍			
	最後の住所			
	氏　名		死亡年月日	

相続人（照会対象者）	氏名		相続放棄	限定承認	事件番号	令和　年（家）第　号
			有・無	有・無	受理年月日	令和　年　月　日
	氏名		相続放棄	限定承認	事件番号	令和　年（家）第　号
			有・無	有・無	受理年月日	令和　年　月　日
	氏名		相続放棄	限定承認	事件番号	令和　年（家）第　号
			有・無	有・無	受理年月日	令和　年　月　日
	氏名		相続放棄	限定承認	事件番号	令和　年（家）第　号
			有・無	有・無	受理年月日	令和　年　月　日
	氏名		相続放棄	限定承認	事件番号	令和　年（家）第　号
			有・無	有・無	受理年月日	令和　年　月　日
	氏名		相続放棄	限定承認	事件番号	令和　年（家）第　号
			有・無	有・無	受理年月日	令和　年　月　日
	氏名		相続放棄	限定承認	事件番号	令和　年（家）第　号
			有・無	有・無	受理年月日	令和　年　月　日
	氏名		相続放棄	限定承認	事件番号	令和　年（家）第　号
			有・無	有・無	受理年月日	令和　年　月　日
	氏名		相続放棄	限定承認	事件番号	令和　年（家）第　号
			有・無	有・無	受理年月日	令和　年　月　日
備　考						

*太線の枠内のみご記入ください。その他は裁判所の記入欄になります。
*記入事項は戸籍又は住民票に記載されているとおりに正確に記入してください。

相続財産の存在

相続財産管理人の選任は、相続財産の存在を前提としています。

選任申立人は把握している財産について申告をします。把握している程度は選任申立人の利害関係の程度によって異なることが多いです。選任申立人は把握している範囲で財産目録を作成します。そして、財産目録の裏付け書類（不動産であれば登記事項証明書、預貯金であれば通帳など）も提出します。

申立書および証拠書類の提出

選任申立人は申立書、財産目録、証拠書類を用意して申立てをします。

管轄裁判所は被相続人の相続開始地であり、通常は被相続人の最後の住民票の住所地を管轄する家庭裁判所になります。

選任申立人において、相続財産管理人の候補者を立てることもできます（ただし、選任申立人の推薦する候補者が選任されるケースは例外的です）。

申立書、財産目録のほか、標準的な添付書類は次の通りです。

- □ 戸籍謄本、除籍謄本、改製原戸籍謄本など一式
- □ 除票、戸籍附票
- □ 利害関係を示す書類（契約書など）
- □ 相続財産裏付け書類（登記事項証明書、通帳など）

家庭裁判所における審理

家庭裁判所における審理

相続財産管理人選任の申立てがあり、家庭裁判所が申立てを相当と考えると、具体的に相続財産管理人の選任手続に進みます。

予 納 金

予納金については、申立内容に応じて家庭裁判所が決め、選任申立人において納付します。実務的には、選任される相続財産管理人の報酬の担保として、100万円程度となるケースが多いようです。

相続財産管理人の業務終了時に、相続財産から相続財産管理人報酬が確保された場合、使用されなかった予納金は選任申立人に還付されます。

なお、相続財産が多額にあることが確定的になった場合、相続財産管理人の業務終了前に予納金が選任申立人に還付されることも考えられます。この場合、選任申立人は相続財産管理人から情報や理解を得ておくことや、また、家庭裁判所に予納金早期還付の上申書を提出するなどの措置を取っておくことが最低限必要となりますが、選任申立人に早期に返還される例は多くありません。

また、当初から相続財産（積極財産）が多額に及ぶことが明らかな事案においては、選任申立人の予納金納付を不要とする運用も考えられますが、その運用は限定的です。

【申立代理人における手続選択の適否】

弁護士業務として相続財産管理人選任申立に関与することも多いです。

ただし、相続財産管理人選任申立が可能な事案であっても、別の制度を利用できたりするケースもありますから、多角的な側面からの検討が必要です。たとえば、相続財産管理人の選任申立の予納金は高額になるケースも多いため、手続選択に迷うケースもあります。

相続人不存在の相続財産に関し、すでに何らかの裁判手続が進行している場合、相続人不存在の点については特別代理人を選任させることでカバーすることも考えられます。

特別代理人とは、民事訴訟法35条などを根拠として選任される者で、当該手続きに限定して選任され、スポット的な運用がされます。

業務が限定されるため、裁判所への予納金が少なくて済んだり、手続きの簡略化に資することもあります。

相続財産管理人の選定、打診

●家庭裁判所による選定

相続財産管理人の選任資格についての規定はありません。実務上、家庭裁判所が適任と考える者を選任するわけですが、その多くは弁護士が就任しています。

相続財産管理人は家庭裁判所の監督下に置かれつつ、公平中立的な立場で、法律家としての知見を活かした業務が期待されていると考えられます。

●選任申立人による候補者の推薦

選任申立人が相続財産管理人の候補者を推薦して申し立てることもありますが、選任申立人の推薦する者が選任されるケースは極めて例外的です。公平中立性に疑義があるということが一因と考えられます。

実務的には家庭裁判所が一定の基準に従い、被相続人や選任申立人と無関係な弁護士を選定しています。家庭裁判所が弁護士会に推薦依頼を出して弁護士会が候補者を推薦する方法がとられることもあります。一定の要件を満たした弁護士が登録される名簿に従って相続財産管理人候補者が選定されています。

【弁護士会の推薦】

さいたま家庭裁判所では、相続財産管理人選任事件や不在者財産管理人選任事件の個別案件ごとに埼玉弁護士会に推薦依頼をしています。そして、弁護士会が候補者名簿に従い、家庭裁判所に弁護士を推薦し、家庭裁判所がその者を選任するという流れが一般的です。

弁護士会では、家庭裁判所からの推薦依頼があると、弁護士会の役員（担当者）が候補者名簿順に従って名簿登載弁護士に就任の打診をします。打診を受けた弁護士が、その概要を把握して就任の内諾をした場合、弁護士会は家庭裁判所に推薦します。

弁護士会の候補者名簿の登載には、研修の受講や弁護士賠償責任保険に加入していることなどが必要です。そして、具体的な事件配点には弁護士登録を１年経過していることが必要になっています。新人弁護士でも研修の受講はできますので名簿登載は可能で、弁護士登録１年経過後に推薦される可能性があります。

なお、さいたま地方裁判所が選任する破産管財人などの職については、地方裁判所の担当部が直接、個別の弁護士に対して就任の打診をしています。このように制度や各裁判所、弁護士会ごとに運用が異なっています。

ただし、いずれも若手弁護士の育成を課題に挙げていることが多く、若手弁護士に就任機会が与えられていることも多いので、研修などには積極的に参加されることをお勧めします。

選任の内諾

弁護士が相続財産管理人候補者となる場合、家庭裁判所（あるいは弁護士会）から事前に就任の打診があります。

打診を受けたならば、申立書に記載されている事案の概要や当事者の情報を聴取し、利益相反をチェックして就任可能であれば受諾（内諾）します。

【就任時のチェック事項】

- □ 被相続人の情報（最後の住所、氏名、生年月日など）
- □ 選任申立人の情報（住所、氏名など）
- □ 選任申立人の主張する内容、概要、利害関係

相続財産管理人の選任

家庭裁判所は、相続財産管理人選任申立を相当と認めた場合には、内諾した弁護士を相続財産管理人として正式に決定する審判をします。

審判書（次頁参照）は選任申立人と相続財産管理人に交付されます。

【選任審判書謄本の例】

令和○年（家）第○○号

審　判

住　所　　○○

申立人　　○○

本　籍　　　　　　○○

最後の住所地　　　○○

被相続人　　　　亡　○○

昭和○○年○○月○○日生

令和○○年○○月○○日死亡

上記申立人からの相続財産管理人選任申立事件について、当裁判所はその申立てを相当と認め、民法９５２条により次の通り審判する。

主　文

１　被相続人亡○○の相続財産管理人として

事務所　　○○　　　○○法律事務所

弁護士　○○

を選任する。

２　手続費用は申立人の負担とする。

令和○年○月○日

○○家庭裁判所

裁判官　○○

これは謄本である

前同日同庁

裁判所書記官　○○　　㊞

受任後の業務と流れ

相続財産管理人に選任されたら、まず何をしたらよいのでしょうか。

相続財産管理人の公告手続と業務の流れ

相続財産管理人は、相続財産法人の財産を整理、管理しつつ、法令に沿った手続き（民法951条以下）を踏むことが求められています。

具体的には官報公告による手続きを踏みながら業務をすることになります。そして、相続財産を調査、整理したり、相続財産から債務の弁済をしたり、相続人を捜索して相続人の有無を確定させ、最終的には特別縁故者に相続財産を分与したり、国庫に引き継いだりする業務が予定されています。

相続財産管理人の業務は、通常、３回の公告手続を取りながら進めていきます。

公告手続には性質上時間がかかります。３回の公告手続で単純に１年以上必要となり、長期的な業務となります。そのうえ、弁済業務や換価清算業務において困難を伴うケースも多く、相続財産管理人において相応の努力も必要になります。

事件終了まで数年単位の時間が必要になることもあります。数年単位の事件を抱え事件が終了しなくて困っているという話もよく聞きます。

☑ 相続財産内容、申立ての背景事情の把握に努めます。

【公告手続と相続財産管理人業務の流れ】

① 相続財産管理人選任の公告（2カ月）

↓ 財産調査、管理

② 相続債権者・受遺者に対する請求申出の催告の公告（2カ月）

↓ 債務の調査、弁済

③ 相続人捜索の公告（6カ月）

↓ 相続人確定、相続財産の換価整理

④ 特別縁故者申立期間（3カ月）

↓ 特別縁故者や分与財産の確定

⑤ 財産引継ぎ

報酬確定、特別縁故者や国庫への引継ぎ

選任公告

選任公告の意味

相続財産管理人に選任されると、家庭裁判所が官報に公告する手続きを取ります。

相続財産管理人に選任されたことが対外的に告知され、利害関係人は相続財産管理人に連絡を取ることができます。

実際、選任公告がされた後に、相続財産管理人宛に「官報公告を見て連絡をした」との電話連絡がよくあります。

【営業電話や FAX】

官報はインターネット上でも閲覧可能で、読者は意外と多いと感じます。官報公告に相続財産管理人の名前が載ると、色々な方から連絡を受けるからです。特に営業電話が多いのですが、相続財産の換価に関与したい業者から電話や FAX がくることがあります。

相続財産管理人業務としては、選任直後に相続財産を換価することはあまり想定されませんが、営業電話には相続財産に関する有用な買取りの申出が含まれていることもあります。

筆者も営業電話を受けた際は、FAX 文書を送付してもらい、文書を保管しておきます。物件の査定書を作成してもらったり、契約の相手方当事者となることも考えられます。相続財産管理人は、広く情報を得ておくことも重要です。

官報公告の掲載

家庭裁判所は、相続財産管理人選任の事実について、遅滞なく公告をします。しかし、実務上、選任日と同日に公告するとは限りません。

相続財産管理人は、選任公告の２カ月経過後には、相続債権者および受遺者に対する請求申出の催告の公告をする必要があります。選任公告の掲載日は次の公告手続の起点となりますので注意します。

選任公告は家庭裁判所が実施しますので、選任公告の事実については家庭裁判所から連絡をもらいます。実務的には相続財産管理人選任の審判書（29頁参照）とは別に家庭裁判所から官報に公告掲載した旨の通知（下記参照）を受けることが多いです。

【官報公告通知の例】

相続財産管理人　○○　殿

○○家庭裁判所
裁判所書記官○○　㊞

官報掲載通知書

あなたが相続財産管理人となっている令和○年（家）第○号相続財産管理人選任申立事件（申立人○○）につき、相続財産管理人選任公告が、令和○年○月○日官報○号○頁の公告欄に掲載されたので下欄貼付のとおり通知します。

ついては、上記掲載日から２ヵ月経過後には遅滞なく管理人自身が「債権者および受遺者に対する請求申出の催告」の公告をしてください。

上記催告期間（２ヵ月）満了後、なお相続人のあることが明らかでないときは、「相続人捜索の公告」の申立てをしてください。ただし、債務超過が見込まれるときは必要ありません。

【相続財産管理人の選任公告例】

相続財産管理人の選任 次の被相続人について、相続人のあることが明らかでないので、その相続財産の管理人を次の通り選任した。 令和○年（家）第○号 住所○○ 申立人　○○ 本籍地○○、最後の住所○○、死亡の場所○○、死亡年月日○○、出生の場所○○、出生年月日○○、職業○○ 被相続人　亡　○○ 事務所○○ 相続財産管理人　弁護士　○○ ○○家庭裁判所

相続財産管理人受任後の業務

相続財産管理人に選任されると、その管理すべき財産の目録を作成しなければなりません（民法953条、27条１項本文）。実務上、選任後およそ２カ月以内に家庭裁判所に対して財産目録を提出するよう求められる例が多いです。

財産目録については、選任申立人が作成した財産目録をベースに作成することで問題ないかと思いますが、その内容が不十分なケースも多いです。特に債権者による申立ての場合、被相続人の財産をほとんど把握していないケースもあるからです。相続財産管理人は、選任申立書類を精査したり、関係者から事情を聴取したり、財産そのものを調査したりして、その内容を把握しなければなりません。

相続財産管理人は、選任後直ちに相続財産管理人業務に着手し、財産内容の把握に努め、管理方針を策定します。

【相続財産管理人受任直後の業務】２カ月

① 相続財産管理人の受任

↓

② 相続財産の調査

↓

③ 管理方針の策定・財産管理開始

↓

④ 財産目録、管理報告書の作成・提出

↓

⑤ 相続債権者および受遺者に対する請求申出の催告の手続き

選任申立書の確認、調査

選任申立書類の閲覧謄写

相続財産管理人は、選任申立書や添付書類一式を閲覧（謄写）して、情報収集に努めます。相続財産管理人業務の起点となる基礎的な情報が集約されていますから、必ず目を通す必要があります。

選任申立書類については、家庭裁判所で閲覧や謄写することができます。また、選任申立人から写しを送付してもらう方法などもあるでしょう。

家庭裁判所で閲覧や謄写する場合には、裁判所書記官に連絡を取り、記録が閲覧可能な日時を調整して家庭裁判所に赴きます。

家庭裁判所が遠方にある場合には、謄写業者や弁護士会に謄写委任状を交付して謄写してもらい、郵送してもらうことも考えられます。

選任申立書類の精査

相続財産管理人は、閲覧や謄写した選任申立書や添付証拠を精査します。

●選任申立書

選任申立人の情報や申立ての実情を確認します。選任申立人（代理人）の連絡先、選任申立人と被相続人との関係（利害関係の有無や程度）を把握します（43頁参照）。

選任申立人の主張を把握しておくことは、相続財産管理人がおおよその管理方針を決定するのに役立ちます。たとえば、債権者からの申立てであれば、相続財産の換価や弁済業務が想定されます。親族からの申立てであれば、特別縁故者に対する相続財産分与の申立てを予定しているかもしれません。

●相続人に関する証拠

相続人関係図、これを裏付ける戸籍、除籍、改製原戸籍、住民票、除票などの書類から被相続人の親族関係や所在を確認します。

相続財産管理人は、この情報をベースに親族から事情聴取することが考えられます。

【相続人特定の実務】

日本の相続実務では戸籍類で相続人の特定をします。具体的には次のような書類を用います。

□ 戸　籍

戸籍は、本籍地や筆頭者で特定されて管理されています。戸籍には作成された編製日（改製日）の記載があります。改製日より前の情報はその前の戸籍を見なければ正確な情報は把握できません。

戸籍に記録されている者の情報として、①名前、②生年月日、③父や母の名前、④続柄などの記載があります。身分事項として、出生情報（出生日、出生地など）のほか、養子縁組、婚姻、離婚、死亡などの情報が記載されていて、従前戸籍の情報、新戸籍の情報が載っていることもあります。

□ 除　籍

死亡、結婚、転籍などにより戸籍に誰もいなくなった戸籍を除籍と呼んでいます。

除籍の情報は戸籍の情報と変わりませんが、誰もいなくなった戸籍ですから、その後の戸籍の状態を把握する必要があります。死亡であれば最後の状態と考えられますが、結婚や転籍であれば、次に繋がる戸籍があるはずです。

□ 改製原戸籍

戸籍は法令改正により、戸籍の形式変更が行われています。その度に戸籍は作り変えられています。変更前の戸籍のことを改製原戸籍と呼んでいます。

戸籍に改製日の記載があるならば、改製日前の正確な情報は改製原戸籍で確認する必要があるのです。

なお、古い改製原戸籍については、戦争などにより焼失しているものもあります。この場合、焼失していることを示す「告知書」などの交付を受けることができ、戸籍に代えられています。登記実務では、告知書などに加えて、相続人全員で「他に相続人はいない旨」の書類の作成が必要になったりします。

●財産に関係する書類（財産目録）

選任申立人において把握している財産は最低限、押さえておかなければなりません。まずは財産目録記載の財産の内容や所在地を把握します（45頁参照）。

財産目録に記載されている財産をきっかけに他の財産が発覚することもあります。たとえば、通帳の履歴などから、他の財産の存在が窺えることもあります。

●利害関係人（相続財産管理人選任申立人）に関する証拠

利害関係の内容や程度を確認します。

選任申立人の利害関係の内容によって、今後の業務の予測がつく場合が多いです。

●家庭裁判所で作成された書類

選任申立書類の閲覧謄写時までに家庭裁判所で作成された書類も閲覧謄写可能です。予納金に関する書類、選任に係る書類、家庭裁判所の選任申立人に対する書類追完指示書などが存在します。

申立段階における家庭裁判所の事案の把握の仕方が垣間見えることがあります。

関係者に対する調査、事情聴取

選任申立人に対する調査

選任申立人と面談して情報収集に務めます。選任申立書に目を通すだけでなく、現実に選任申立人から聴取することも有用です。

選任申立人が被相続人の相続財産を管理している場合には、選任申立人から相続財産を引き継ぎます。

他方、選任申立人の保有する情報がすべてということでもありません。ほかにも財産や有用な情報は存在します。たとえば、債権者が選任申立人である場合には、選任申立人においてあまり情報を把握していないケースも考えられます。それでも、間接的な情報を持っている場合もありますから丁寧に聴取します。

被相続人の親族に対する調査

選任申立人から多くの情報が得られたとしても、選任申立人以外の者からも意見を聴取すべきです。

当たり前ですが一番情報を知っている被相続人は亡くなっていますので、多数人からの情報を得ることで、被相続人の財産そのほかの情報を把握していくべきです。たとえば、戸籍上の相続人が相続放棄の申述をした事案であれば、相続放棄の申述により相続関係から離脱した親族には声を掛けて事情を聴取すべきだと考えます。

相続財産管理人の立場は一般の方には馴染みが薄いですから、立場を説明した手紙を送付して声を掛けていきます。親族には感情的なものも含まれるため上手くいくかどうかはケースバイケースですが、可能な限り情報を得るべきです。

相続放棄の申述をした親族であれば、被相続人の財産だけでなく、債務についても把握していることがあります。また、親族から情報収集していると、「親族の○○が、被相続人と関わりが強かったようだ」「ケアマネージャーの○○さんなら何か知っているかもしれない」という話も出てきます。これら情報をもとにさらに情報収集することができます。

その他の関係者に対する調査

被相続人と近しい友人、被相続人の介護に関わった者、近所の人などに事情を聴くことも考えられます。

どの程度の関係者まで声を掛けて調査すべきかについては事案によりますが、選任申立人や親族の情報をきっかけに調査することも多いです。

介護に携わった人から「被相続人は株に興味があった」とか、「被相続人は、……に遺言があると話していた」だとか、さらに具体的な財産調査の手掛かりとなる情報が出てくることもあります。これら情報をもとに被相続人の財産が発見されることもあります。

【実例として】

筆者が相続財産管理人に就任した事案の１つで、近所の方から「被相続人は生前、『〇〇寺』にある被相続人の配偶者のお骨の心配をしていた」という話を聴取しました。被相続人自身は、元後見人により別のお寺においてすでに永代供養されていましたので話は半信半疑でしたが、念のため『〇〇寺』に照会文書を送付してみました。

そうしたところ、『〇〇寺』から「四十数年前に被相続人の配偶者の葬儀があり、以来、お骨を預かっている」との回答があったのです。そこで筆者は『〇〇寺』に訪問し、当時の葬儀の記録やお骨を確認させてもらい事実確認をしました。

最終的には、ほかに適切な親族もいませんでしたので、相続財産管理人としてお骨保管料と永代供養料を支払う権限外行為許可を得て、無事に被相続人の配偶者を供養することができました。

相続財産の調査手段

相続財産の調査や管理に有用な書類

相続財産管理人として調査するには、相続財産管理人であることを示さなければ手続きを進められないことも多いです。次のような書類をもって立場を明確にして調査を進めます。

●選任審判書の謄本

相続財産管理人選任の審判書それ自体を利用します。選任時に受領したものも使用できます。また、相続財産管理人が家庭裁判所に対して選任審判書謄本の交付請求をすると新たに発行してくれます（46頁参照)。選任審判書の謄本の請求書式は家庭裁判所で用意されていることも多いです。

なお、家庭裁判所の書式を使用せずとも、事件番号を特定し、「審判書（謄本）１通交付申請します。」との書類を作成し、印紙を添付することでも発行してくれます。

●相続財産管理人であることの証明書

相続財産管理人が家庭裁判所に対して「相続財産管理人であることの証明書」の交付申請をすると、家庭裁判所は証明書を発行してくれます。

具体的には、相続財産管理人において、相続財産管理人であることの証明申請書（正本、副本）（47頁参照）を作成して提出すると、家庭裁判所が副本に証明印を押して証明書を発行してくれる例が多いです。

相続財産管理人であることを真正面から認めてもらえる証明書なので提出先の理解も得られやすいです。

●使用印鑑証明書

相続財産管理人は家庭裁判所に対して印鑑届を作成して提出しておくと、必要なときに相続財産管理人の使用印鑑証明書を発行してもらうことができます。

前提として印鑑届（48頁参照）を作成します。印鑑届は相続財産管理人自身で作成して提出しなければなりません。相続財産管理人業務における実印になります。弁護士の職印を使用している例が多いかと思います。

相続財産管理人が使用印鑑証明書の交付申請(49頁参照)をすると、

家庭裁判所は使用印鑑証明書を発行します。相続財産管理人において申請書（正本、副本）を作成して提出すると、家庭裁判所は副本に証明印を押して発行してくれる例が多いです。

実務上、相続財産管理人は家庭裁判所に発行してもらった使用印鑑証明書を使用することが多いです。使用印鑑証明書は、相続財産管理人の印鑑であることの証明とともに相続財産管理人であることの証明もしてくれますので、実務上、利用価値が高くて利用頻度も多いです。

もちろん、弁護士会が発行する印鑑証明書、相続財産管理人が個人的に有する実印の印鑑証明書を使用する場合もありますが、手数料の違いやプライベートの印鑑証明書を使用したくないというニーズもあります。

使用印鑑証明書は、基本的には通常の印鑑証明書と同等に扱われますので発行日からの期間（３カ月や６カ月の有効期限）にも注意が必要です。

戸籍類の請求

戸籍類の追加調査の必要性があれば、その立場をもって取得することが可能です。相続財産管理人であることを示す書類の呈示が必要となります。

弁護士会照会

弁護士法23条の２に規定された制度（弁護士会照会）に基づいて、財産を調査することも考えられます。

相続財産の中に所有者が特定できない財産が含まれている場合などに利用することも考えられます。わずかな手がかりから一定の情報を得られることがあります。

ただし、相続財産管理人であること（権限者であること）は、家庭裁判所の証明書で証明できますので、弁護士会照会を使用して調査しなければならないことは多くはないかもしれません。

【選任申立書の例】

受付印		家事審判申立書　事件名（相続財産管理人選任）
収入印紙	円	（この欄に申立手数料として１件について８００円分の収入印紙を貼ってください。） 印紙 （貼った印紙に押印しないでください。） （注意）登記手数料としての収入印紙を納付する場合は、登記手数料としての収入印紙は貼らずにそのまま提出してください。
予納郵便切手	円	
予納収入印紙	円	

準口頭		関連事件番号　平成・令和　　年（家　　）第　　　号

○○　家庭裁判所 御中 令和　○　年　○　月　○　日	申立人 （又は法定代理人など） の記名押印	丙　田　杉　男　㊞

添付書類	

申立人	本籍 （国籍）	（戸籍の添付が必要とされていない申立ての場合は、記入する必要はありません。） 都道 府県	
	住所	〒 000 － 0000　　電話　000（000）0000 ○○県○○市○○町○丁目○番○号 （　　　方）	
	連絡先	〒　　－　　電話　（　　） （注：住所で確実に連絡ができるときは記入しないでください。） （　　　方）	
	フリガナ 氏名	ヘイタ　スギオ 丙田　杉男	昭和・平成・令和　○年　○月　○日生 （　○○　歳）
	職業	会社員	
※ 被相続人	本籍 （国籍）	（戸籍の添付が必要とされていない申立ての場合は、記入する必要はありません。） ○○　都道府県　○○市○○町○丁目○番地	
	最後の 住所	〒 000 － 0000　　電話　（　　） ○○県○○市○○町○丁目○番○号 （　　　方）	
	連絡先	〒　　－　　電話　（　　） （　　　方）	
	フリガナ 氏名	コウノ　タロウ 甲野　太郎	昭和・平成・令和　○年　○月　○日生 （　　　歳）
	職業	無職	

（注）　太枠の中だけ記入してください。
※の部分は、申立人、法定代理人、成年被後見人となるべき者、不在者、共同相続人、被相続人等の区別を記入してください。

別表第一（1/ 2 ）

申　立　て　の　趣　旨
被相続人の相続財産管理人を選任するとの審判を求めます。

申　立　て　の　理　由
1　申立人は、被相続人の近所に居住する被相続人の亡妻の弟にあたる者ですが、平成○○年ころから、妻に先立たれ一人暮らしの被相続人の身の回りの世話をし、被相続人所有の別添遺産目録中の不動産を事実上管理してきました。
2　被相続人は、令和○年○月○日に死亡し、相続が開始しましたが、相続人のあることが明らかではなく、また、遺言の存否も不明なので、申立人が管理する不動産を引き継ぐことができません。このような状況にありますので、申立ての趣旨のとおり審判を求めます。

【(別紙) 財産目録の例】

(別紙)

財　産　目　録

【土　　地】

番号	所　　　在	地　番	地　目	地　積	備　考
1	○○市○○町○丁目	番 ○　○	宅地	平方メートル １５０　００	甲野太郎名義 建物１の敷地

財　産　目　録

【建　　物】

番号	所　　　在	家屋 番号	種　類	構　造	床　面　積	備　考
1	○○市○○町○丁目○番地	○番○	居宅	木造瓦葺平家建	平方メートル ９０　００	甲野太郎名義 土地１上の建物

財　産　目　録

【現金、預・貯金、株式等】

番号	品　　　目	単　位	数　量　(金　額)	備　　考
1	○○銀行定期預金 (番号○○○－○○○○)		３，１０４，０００円	
2	○○銀行普通預金 (番号○○○－○○○○)		８００，１２３円	
3	○○株式会社　株式	50 円	８，０００株	
4	現金		４，５００円	

【審判謄本申請書の例】

裁判官	
許可	不許可

申　　請　　書

○○家庭裁判所　　　　　　支部・出張所　　　　御中

受付印

（この欄に収入印紙を貼る。）

収入印紙　　　円	
郵便切手　　　円	

（貼った印紙に押印しないでください。）

事件番号	平成・令和　　年（家　　）第　　　号

下記の書類　　１通を　☑交付
　　　　　　　　　　　□送達（□申立人　□相手方　□双方　□　　　）
してください。

☑審判書（□正本　☑謄本）	□調停調書（□正本　□謄本）
□審判確定証明書	□調停調書（□省略謄本　□抄本（年金分割））
□相続放棄申述受理証明書	□事件係属証明書
□遺言書検認調書謄本	□送達証明書
□	□

令和　　年　　月　　日

住　所：〒

申請者：　　　　　　　　　　　　　　　　印

電　話：　　　　　（　　　　　）

送達場所（送付）

交付申請の場合で，申請者の住所宛てに送付を希望される場合は，この欄の記載は不要です。

□申立人　□相手方　□
〒　　　　－
都道　府県

請書

上記申請の書類を受け取りました。

令和　　年　　月　　日

申請者：　　　　　　　　　印

上記書類を郵送した。

令和　　年　　月　　日

□　裁判所書記官　　印

□　裁判所事務官　　印

【相続財産管理人であることの証明申請書の例】

令和○年（家）第○○号
被相続人　亡　○○

相続財産管理人であることの証明申請書

令和○年○月○日

○○家庭裁判所　御中

被相続人亡○○相続財産管理人　弁護士○○

頭書の事件につき、民法９５２条により選任された被相続人亡○○相続財産管理人が下記の者であることを証明願います。

被相続人　○○
本籍　○○
最後の住所　○○
死亡年月日

相続財産管理人○○
事務所　○○

【印鑑届の例】

令和○年○月○日

○○家庭裁判所　御中

住所　○○

被相続人亡○○相続財産管理人

弁護士　○○　　㊞

印　鑑　届

下記事件につき、次の印鑑を相続財産管理人の印鑑として使用したくお届けいたします。

記

事　件　番　号　　　令和○○（家）第○○号

本　　　籍　　○○

最後の住所　　○○

被　相　続　人　　亡　○○

【使用印鑑証明申請書の例】

令和○年○月○日

証　明　申　請　書

○○家庭裁判所　御中

住所　○○
被相続人亡○○相続財産管理人
弁 護 士　　○○　　㊞

上記の者は、下記事件につき、民法９５２条により選任された相続財産管理人であることおよび次の印鑑が相続財産管理人の印鑑として届け出たものであることを証明してください。

記

事　件　番　号　　令和○年（家）第○号
本　　　籍　　○○
最後の住所　　○○
被　相　続　人　　　亡　○○

相続財産調査

相続財産の調査はどの程度行えばよいでしょうか。

各関係者から得た情報などに基づいて、個別財産を調査します。

不動産に関する調査

所有不動産、自宅不動産の確認

●所有権の確認

既登記の不動産であれば不動産登記簿謄本、未登記の不動産については固定資産税の評価証明書などで権利関係を確認します。

これら書類は選任申立書と一緒に添付されていることが通常ですが、念のため法務局で新しい不動産登記簿謄本の取得、市区町村役場などで固定資産税の評価証明書を取得することも検討します。

未登記物件の権利関係は固定資産税の納税義務者で把握します。被相続人が固定資産税を支払っていた実績があっても、被相続人の配偶者が納税義務者（所有者）となっていることもあります。この場合、被相続人の配偶者が被相続人よりも前に死亡していれば、相続処理も必要となります。

【登記事項証明書（不動産登記簿謄本）の入手】

現在の登記情報は電子化されているため、原則として相続財産管理人にとって都合のよい近くの法務局で入手することができます。電子化以前の情報が必要であれば、当該不動産を管轄する法務局に対して

☑ 不動産、動産、債権などの有無や内容を個別的に調査します。

☑ 所有・権利関係、占有関係、利害関係人の有無や内容を個別的に調査します。

請求するようにします。

オンライン化により、登記事項証明書の取得が容易になっています。法務局に出向かずとも取得可能で手数料も安く費用の節約になります。さらに、登記情報提供サービスを利用すれば、オンライン上で登記情報を閲覧することができ、手数料はさらに安くなります。オンライン上で閲覧した情報はPDF化してダウンロードも可能です。

相続財産管理人にかかわらず弁護士実務では、裁判所での証拠としてはPDF化した情報よりも登記事項証明書を提出する例が多いと思いますが、安価ですぐに確認できる登記情報提供サービスの活用も有用です。

●判明していない不動産の調査

不動産の存在が明確に把握されていない場合には、その存在の有無についてしっかり調査すべきです。

たとえば、山林を含む複数筆の不動産が存在するケースや複数の共有物件がありすべてを特定できないケースも考えられます。

この場合、固定資産税納税通知書の課税明細書や名寄帳でも確認します。名寄帳は、各市区町村において人ごとに所有不動産が整理されたもので、未登記不動産も含めて不動産内容を把握できます。各市区町村に請求することで取得します。

ただし、名寄帳は市区町村ごとに発行しているものなので、ほかの市区町村の不動産までは調査できないことには注意が必要です。

【名寄帳の取得】

不動産の所在する各市区町村役場に請求することで取得します。名寄帳は個人名で寄せ集めた不動産の一覧表（固定資産課税台帳）になり、概ね１枚数百円（費用や１枚に記載される不動産の数は各市区町村で異なります）で取得できます。

不動産登記情報とは異なり、誰でも入手できる情報ではありませんので、請求権限があること（相続財産管理人であること）を示したうえで請求する必要があります。

●占有者の有無、占有権限の有無の確認

占有者がいる場合、不動産賃貸借契約書や現況を確認します。

契約書類が存在するのであれば、契約内容や条件を確認します。契約相手方の情報、契約期間、賃料、敷金や保証金の有無などを確認します。

契約書類が存在しないのであれば、占有者の占有状況や占有権限を確認します。法律上一定の権限があることも考えられます。たとえば、相続人がいない被相続人の内縁の配偶者（借地借家法36条１項）や被相続人の建物に無償で居住していた相続放棄の申述をした配偶者（配偶者短期居住権。民法1037条）なども考えられます。

また、共有者や特別縁故者として主張するであろう親族が占有していることもあるかもしれません。まったくの不法占拠者であることも考えられます。

【借地借家法 36 条（居住用建物の賃貸借の承継）】

1　居住の用に供する建物の賃借人が相続人なしに死亡した場合において、その当時婚姻又は縁組の届出をしていないが、建物の賃借人と事実上夫婦又は養親子と同様の関係にあった同居者があるときは、その同居者は、建物の賃借人の権利義務を承継する。ただし、相続人なしに死亡したことを知った後１月以内に建物の賃貸人に反対の意思を表示したときは、この限りでない。

２　前項本文の場合においては、建物の賃貸借関係に基づき生じた債権又は債務は、同項の規定により建物の賃借人の権利義務を承継した者に帰属する。

【民法 1037 条（配偶者短期居住権）】

１　配偶者は、被相続人の財産に属した建物に相続開始の時に無償で居住していた場合には、次の各号に掲げる区分に応じてそれぞれ当該各号に定める日までの間、その居住していた建物（以下この節において「居住建物」という。）の所有権を相続又は遺贈により取得した者（以下この節において「居住建物取得者」という。）に対し、居住建物について無償で使用する権利（居住建物の一部のみを無償で使用していた場合にあっては、その部分について無償で使用する権利。以下この節において「配偶者短期居住権」という。）を有する。ただし、配偶者が、相続開始の時において居住建物に係る配偶者居住権を取得したとき、又は第 891 条の規定に該当し若しくは廃除によってその相続権を失ったときは、この限りでない。

①　居住建物について配偶者を含む共同相続人間で遺産の分割をすべき場合　遺産の分割により居住建物の帰属が確定した日又は相続開始の時から６箇月を経過する日のいずれか遅い日

②　前号に掲げる場合以外の場合　第３項の申入れの日から６箇月を経過する日

２（以下省略）

不動産自体の調査

●不動産の現地調査

早めに不動産（土地や建物）自体も確認します。占有者のある建物についても外観調査はすべきです。

また、可能ならば、早期に建物不動産の内部の状況、遺品についても確認します。

建物不動産の内部を現地調査する際には、事前に鍵の保管者を確認し引継ぎを受けます。鍵の保管者が見当たらないケースでは、業者を利用した解錠を検討します。カメラなどの記録機械、マスク、手袋、スリッパ、懐中電灯といった調査に必要な道具の準備をします。

相続財産管理人が突然、現場を訪問しても把握しきれませんから、被相続人と縁のあった方から情報を得たり、現地調査に立ち会ってもらうことも検討します。たとえば、被相続人の介護をしていた方は室内の状況をよく知っている場合があります。

【現地調査　事前チェック事項】

- □ 占有者の有無
- □ 鍵の保管者の確認、鍵の引継ぎ、解錠方法の検討
- □ 記録機器、マスク、手袋、スリッパ、懐中電灯の準備
- □ 立会人の確保

●不動産の外観調査

建物の倒壊の恐れはないのか、手入れのされていない庭木が隣地に影響していないかを確認します。

また、郵便物がどのように処理されているのか（転送されているのか、溜まっているのか、郵便受けが封鎖されているのか）も確認します。溜まっている郵便物には被相続人の情報が含まれている可能性が高いです。

不動産にまつわる継続的な契約（電気、ガス、水道、電話、NHK、新聞など）などについても把握します。メーターを確認したり、検針結果の書類などからも確認します。被相続人は定期的な配達サービスを利用していることもあります。

【現地調査　外観調査チェック事項】

- □ 建物自体の確認（倒壊の恐れ）
- □ 庭木、隣地への影響の確認
- □ 郵便物の確認
- □ 電気、ガス、水道のメーター、検針結果の確認

●不動産内部の調査

不動産内部はゴミ屋敷と化しているものから綺麗に整理されているものまで様々です。すでに自宅内が空っぽということもあるかもしれません。

まずは、現場の状況を確認し、写真を撮るなどして保全します。

次に、不要品、高価品の有無について把握します。

早期に処分が必要なもの（食品など）が存在する場合には、速やかに処分の措置を取ることを検討します。そうではない不要品と考えられるもの（衣類、家財、消耗品）についてはその内容を把握しておきます。後日、処分や換価について検討します。

一見して財貨的価値のあるものについては、保管保全の措置を取ります。通帳やキャッシュカード、金券、金塊、宝石、金庫、貯金箱といった見た目から財貨的価値がありそうなものが存在することも考えられます。発見したら、相続財産管理人が持ち帰り適切に保管するなどします。

また、重要そうな書類についても確認します。株式、債権、債務などの存在が窺われる書類もあるかもしれません。遺言が判明すること

もあります。

ウォーターサーバーのような定期的な契約を締結していることが判明したり、特別な対応を検討したほうがよいお骨などが発見されることもありますので確認しておきます。

【現地調査　不動産内部調査チェック事項】

□ 動産の全体的な状況確認、現場の保全

□ 不要品、高価品の把握

□ 書類などの確認、把握

【実例として】

建物不動産の内部を調査すると様々なものが出てきます。

特に現金、貯金箱が出てくることも多いです。これらは相続財産管理人名義の口座に預け入れて保管します。

切手、ハガキ、商品券、金塊については、相続財産管理人において保管し、権限外行為許可申立をして換価することを検討します。

法禁物と思われるものについては、警察に通報して判断を仰ぎます。

お骨などについては、保管を検討したうえで、場合によっては権限外行為許可申立をして費用をかけて供養することを検討します。

特殊ですが、現場に行ったら被相続人以外の遺体があり、警察に通報した例もあります。行方不明になっている親族がいるという事前の情報もあり、何とか警察や葬儀場に繋ぐことができました。

自動車やバイクに関する調査

権利関係の把握

権利関係を登録事項等証明書などで確認します。所有者と使用者が異なっている場合もあります。また、自動車やバイクに付された保険証書から一定の情報が確認できることもあります。

登録事項等証明書が見当たらない場合には、わかる限りの情報を整理したあと、陸運局や役所に問い合わせて書類を入手して権利関係を把握します。情報が少ない場合には弁護士会照会の活用も検討します。

【登録情報の管理者】

自動車、自動二輪車・・・・・・陸運局

軽自動車・・・・・・軽自動車検査協会

原動機付自転車・・・・・・市区町村

保管場所の把握

駐車スペースを賃借しているのか、被相続人の所有地内にあるのか、今後の管理方針とも関わります。

賃借しているのであれば、賃貸借契約書を確認して契約内容（賃料、期間、敷金の有無など）の確認をします。

バイクや自動車自体の調査、その他の調査

バイクや自動車それ自体も調査します。ナンバープレート、車検や車庫証明書の情報、自賠責保険や任意保険の有無や内容も確認します。車内に書類が保管されていることも多いです。車内にはETCカードなど財産に関わる重要な書類が保管されていることもあります。また、自動車税などの納税状況の確認もします。

銀行や証券会社、そのほかの請求権に関する調査

預貯金、有価証券の有無、内容の調査

選任申立人らの情報で相当程度把握できることもありますが、遺品をきかっけとしてほかにも預貯金や有価証券が存在する可能性があるならば、銀行や証券会社に照会して調べます。

また、被相続人は同一の銀行に複数の口座を保有していることもありますから、せっかく照会を掛けるなら広く調査すべきです。被相続人が転居を繰り返していれば登録住所は複数あるかもしれません。個人で商売をしていた被相続人であれば屋号付きの口座を持っていることも考えられます。苗字名前の変更があれば旧名での登録があるかもしれません。

【実例として】

同一の銀行内で、複数の口座を保有している可能性のある被相続人については、把握した預貯金以外にも預金口座がないか照会すべきです。実際に同一銀行内に複数の口座を保有している例も多いです。筆者の経験では100万円単位の定期預金が発見されたこともあります。

銀行によっては、相続手続に関して、そのような照会書式も用意しています。これを作成して必要な書類（相続財産管理人選任の審判書など）とともに提出します。基本的には、住所や名前、生年月日で特定して、当該銀行に存在する預貯金口座のすべてについて回答してくれます。

貸金庫契約の有無、中身の調査

被相続人が銀行との間で貸金庫契約をしていることがあります。通帳の貸金庫使用料の引き落とし履歴をきかっけとして、その存在が把握できることもあります。

貸金庫契約の存在が判明したら契約内容を確認して貸金庫の中身も確認します。銀行との関係では相続財産管理人であることを事前に書類をもって示す必要があります。

貸金庫の中身の確認においても、被相続人の自宅内の調査と同様に関係者に立ち会ってもらうことも検討します。

おそらく被相続人が重要と考えたものが貸金庫の中にあります。中身については財貨的価値のあるものや遺言のような書類が出てくることもあります。客観的に財貨的な価値がなくとも、特別縁故者性の判断のための重要な証拠となったり、他の財産発見のきかっけになるものもあります。

貸金庫の中身が相続財産管理人にて管理可能なものであれば、貸金庫契約を解約することを検討します。

被相続人の生前の請求権など

市区町村に対する医療費や税金などの還付金請求権が存在する場合も考えられます。被相続人の負担で被相続人の葬祭が済んでいる場合、自治体や健康保険組合に対し、葬祭費について請求できることもあります。

被相続人が年金を受給していた場合には、死亡後に過剰に受領した形となっており返済が必要なケースもあるので気をつけます。また、被相続人に未受領の年金がある場合も考えられますが、年金実務では被相続人と生計同一者に請求権を認めており、相続財産管理人が請求できるケースはあまり考えられません。

相続財産管理

相続財産管理人の財産管理権限はどのようなものですか。相続財産管理人がすべきことはありますか。

相続財産管理人の権限

相続財産管理人は、民法103条に定める行為についての権限があります（民法953条、28条）。

いわゆる保存行為、物または権利の性質を変えない範囲内における利用行為や改良行為が権限となり、これら権限を超える行為を必要とするときには家庭裁判所の許可が必要になります。

保存行為……現状を維持する行為（建物の修繕など）
利用行為……有利に利用する行為（現金を銀行に預け入れるなど）
改良行為……経済価値を増加させる行為（建物に造作することなど）

相続財産管理人は自らの権限を把握しつつ、管理業務を遂行します。基本的な相続財産管理人の業務は保存行為が中心になります。

処分的な行為については、相続財産管理人は家庭裁判所の許可を得てから実施します（民法953条、28条、103条）。

【民法28条（管理人の権限）】
管理人は、第103条に規定する権限を超える行為を必要とするときは、家庭裁判所の許可を得て、その行為をすることができる。（省略）

☑ 相続財産管理人には、保存行為、物または権利の性質を変えない範囲内における利用行為や改良行為の権限があります。

☑ 管理に係る費用は相続財産の中から支出することができます。

☑ 財産管理方針を立てて管理し、財産目録、管理報告書を作成して家庭裁判所に対して定期的に報告します。

【民法103条（権限の定めのない代理人の権限）】

権限の定めのない代理人は、次に掲げる行為のみをする権限を有する。

① 保存行為

② 代理の目的である物又は権利の性質を変えない範囲内において、その利用又は改良を目的とする行為

管理の費用

相続財産の管理にかかる費用は相続財産の中から支出できます。

流動財産が乏しいケースでは立替え払いをします。最終的に相続財産が乏しい場合には、選任申立の際に納付されている予納金で清算されます。

管理の費用としては、相続財産調査にかかる費用、財産目録作成にかかる費用、相続財産管理や清算整理にかかる費用、家庭裁判所から求められた費用、相続財産管理人報酬などが考えられます。

【管理費用の参考例】

帳簿をつけて管理します。相続財産管理人の判断で合理的な費用を計上します。相続財産管理人が支出することになる管理費用の例は次の通りです。

□ 相続財産調査にかかる費用

照会のための手数料、郵送費、交通費、印鑑証明書発行手数料

□ **財産目録作成にかかる費用**

残高証明書発行手数料、登記事項証明書の取得費用

□ **相続財産管理、清算整理にかかる費用**

登記費用、火災保険料の支払い、地代の支払い
不要品の処分費用、債務弁済の振込手数料、建物修繕費

□ **家庭裁判所から求められた費用**

予納金、官報公告費用

□ **相続財産管理人報酬**

家庭裁判所が決定した金額

管理方針の策定

財産管理方針の検討

相続財産管理人は善管注意義務（家事事件手続法208条、125条６項、民法644条）を負いますので、漫然と相続財産を管理すればよいものではありません。そのほか、委任の規定が準用されています。

相続財産管理人は、利害関係人から財産を引き継ぎ、自ら発見した財産について責任をもって管理する以上、管理方針を策定することは重要です。管理の方法によっては、相続財産を毀損してしまうことや相続財産の評価を不当に下げてしまうこともあります。

また、相続財産をそのままの状態で管理するだけでなく、処分換価して管理するほうが合理的なケースも考えられます。

相続財産を把握したならば、早い段階で管理方針を策定します。相続財産管理人の管理方針については、相続財産管理人は家庭裁判所に対して財産目録とともに管理報告書に記載して提出します。

管理方針の策定は、相続財産などの全体的な状況を把握しながら検討します。

【民法644条（受任者の注意義務）】
受任者は、委任の本旨に従い、善良な管理者の注意をもって、委任事務を処理する義務を負う。

相続財産などの全体的な状況の把握

相続財産管理人は様々な事情を整理して管理方針を検討します。

●債務が存在し流動財産が乏しいケース

債務が存在するケースでは、弁済原資を確保する必要があります。流動財産以外の財産については換価して弁済原資を確保する必要があるのです。この場合、相続財産管理人は、家庭裁判所の許可を得て相続財産を処分することを念頭におくことも重要です。

そうすると、いずれ換価処分することも念頭においた管理方針を立てていく必要があります。たとえば、近いうちに換価を想定する財産について過剰な管理費用をかけることは不適切といえるかもしれません。

●相続人に引継ぎをする可能性のあるケース、特別縁故者に相続財産を分与する可能性のあるケース

被相続人に相続人がいれば、相続財産の管理や処分は、相続人の判断に委ねられるのが原則です。

それゆえ、相続人が発覚する可能性があるケースでは、将来現れるだろう相続人の判断に委ねれば足りるかもしれません。また、特別縁故者に引き渡すことが予測されるケースでも換価するまでもなくそのまま引き渡せば足りることもあります。

相続財産管理人は、相続人や特別縁故者に該当する可能性がある者を把握しているのであれば、相続財産についてそのまま引き継ぐ意向があるのかどうかを聴取しておくことも有用です。

ただし、相続人らの存在が予測される場合でも、相続財産管理人が売却換価を試みること自体が否定されるものではありません。

国庫納付が想定されるケース

相続財産があり、相続人や特別縁故者の存在が窺えないケースでは、相続財産をいずれ国庫納付することが予想されます。国庫納付の方法としては物納の方法も考えられますが、基本的には現金納付とする実務上の運用がなされています。最終的にはすべての相続財産を換価して現金を納付する必要がありますので、相続財産の換価を予測して管理します。

相続財産管理人の家庭裁判所に対する報告

初回報告

相続財産管理人は、相続財産を調査して、家庭裁判所に対して財産目録、管理報告書（管理事務経過一覧表）を作成して提出します（民法953条、27条１項）（66頁～参照）。実務上、初回報告は選任後２カ月以内を目安に提出を求められる例が多いです。

選任後２カ月の間に相続財産のすべてを把握することが困難なケースもあるかもしれませんが、この場合も相続財産管理人は家庭裁判所に対して、できる限り把握した相続財産の財産目録を作成して報告するようにします。

また、相続財産の全体的な状況を把握して管理方針を策定し、具体的な管理方針が立てられる範囲で管理報告書に記載するようにします。

【民法27条（管理人の職務）】

1　前二条の規定により家庭裁判所が選任した管理人は、その管理すべき財産の目録を作成しなければならない。この場合において、その費用は、不在者の財産の中から支弁する。

2　（以下省略）

定期報告

相続財産管理人は、(ア) 管理報告書に管理方針や報告事項をまとめ、(イ) 財産目録、(ウ) 管理事務経過一覧表を作成して提出します。

●管理報告書の作成提出

相続財産管理人は、公告手続、財産内容の変動 (財産の発見、処分、消滅など)、業務終了時には、都度、家庭裁判所に対して管理報告書を提出します。

また、相続財産管理人の業務方針に関わる新たな事象が発覚した場合も同様です。たとえば、相続人が発覚したと考えられる事情が判明した場合や特別縁故者として主張する可能性があるものが現れた場合にも家庭裁判所に報告をして情報を共有します (69頁参照)。

相続財産管理人として判断に迷う事象が生じた場合には、その内容を記載して家庭裁判所の意見を問うこともできます。各回の管理報告書については前回時の報告を踏まえて作成します。

また、事件処理が長期化しているときには、1年に1回以上、財産内容に変動がなくとも家庭裁判所に報告をするようにします。

●財産目録の作成提出

初回報告で作成した財産目録を更新していく形で作成していきます。

●管理事務経過一覧表の作成提出

相続財産管理人が従事した業務内容を記す管理事務経過一覧表を作成します。日々の業務を記録しておきます。

経費管理も管理事務経過一覧表に記載して帳簿を兼ねた形で作成するとよいでしょう。もちろん、管理事務経過一覧表とは別に、会計帳簿や計算ソフトで経費管理をしても問題ありません。

【管理報告書（第１回）の例】

令和○年（家）第○○号

令和○年○月○日

・・・・家庭裁判所　家事審判官殿

被相続人　亡○○

相続財産管理人弁護士　○○　　㊞

管理報告書（第１回）

頭書の相続人不存在による相続財産管理人選任事件の被相続人の財産管理につき、財産目録を調整しましたので、その１通を提出します。

併せて本件相続財産の管理状況および管理方針を下記の通り報告します。

１　管理期間

令和　　年　　月　　日～令和　　年　　月　　日

２　管理の計算

（１）管理のために要した費用　１５００円

（２）管理に伴い受領した金員　１２万５０００円

３　管理事務の経緯

管理事務経過一覧表の通り。

４　財産管理状況

財産目録記載１の不動産について、「亡○○相続財産」と登記名義を変更した。

５　管理方針

自宅不動産（財産目録１－１）について、親族○○の協力を得て、現地調査を実施する予定である。

添付書類

１　財産目録

２　管理事務経過一覧表

３　全部事項証明書　１通

以上

【管理事務経過一覧表の例】

管理事務経過一覧表

年月日	管　理　事　務	収　入 (円)	支　出 (円)	財産目録 番 号	備　　考
○/○/○	相続財産管理人選任決定				
○/○/○	相続財産管理人口座開設				
○/○/○	現金入金	25,000		3-1	
○/○/○	○○までの交通費		1,500		
○/○/○	○○銀行普通預金口座の解約入金	100,000		2-1	
合計		125,000	1,500		

【財産目録の例】

財　産　目　録（令和○年○月○日現在）　　（被相続人○○）

1　不動産

	所在地	地目・構造・用途	面積	評価・備考
1	○○市○○町○丁目 ○番○	宅地	100.01 ㎡	○○円（令和○年度固定資産税評価額）
2	○○市○○町○丁目 家屋番号　○○番○	居宅・木造瓦葺2階建	1階 30.18 ㎡ 2階 24.32 ㎡	○○円（令和○年度固定資産税評価額）

2　預貯金

	金融機関名・支店名	種類	口座番号	金額	備　考
1	○○銀行・○支店	普通	○○	100,000	
2					
			合計	100,000	

3　現金・株式

	品目	価格	備　考
1	現金	25,000	管理口座に入金済
2			
	合計	25,000	

【管理報告書の例】

令和〇年（家）第〇〇号

令和〇年〇月〇日

〇〇〇家庭裁判所　御中

被相続人亡〇〇
相続財産管理人　弁護士　〇〇　㊞

管理報告書（特別縁故者について）

管理業務を行うなかで、下記の者が特別縁故者に対する相続財産分与の申立てを予定していることが発覚しましたので報告します。

記

氏名　〇〇
住所　〇〇
電話　〇〇

被相続人との関係　　従兄弟

以上

相続財産の財産別管理方法

相続財産管理のコツを教えてください。

相続財産ごとに個別の管理方法を検討します。個別財産に応じて管理方針を立てることも重要です。

いずれ換価するとしても、当面の間の管理も必要です。財産管理方法は個別の財産ごとに異なりますので、検討していきます。

不動産の管理

所有不動産の管理

●所有名義の変更

まず形式上の管理として、「亡○○○相続財産」と登記名義を変更します。

登記名義を変更するだけであれば比較的容易ですから相続財産管理人自らすることもできるでしょう。未登記物件であれば登記をすることも考えます。

業務効率を考えて司法書士や土地家屋調査士に依頼してもよいでしょう。

●固定資産税の支払い

所有不動産に課される固定資産税の納税通知書の送付先を相続財産管理人の事務所に変更し、固定資産税の支払いの管理をします。

送付先変更には、市区町村役場に対して届出が必要ですが、簡単に応じてもらえることが多いです。

☑ 相続財産の性質、相続財産を取り巻く状況に応じた管理をするようにします。

● 火災保険の加入

実質的な管理として、万が一の場合に備えて、火災保険を付しておくというのも有用です。火災保険の期間や内容は業務内容を予測して合理的なものを選定する必要があります。

被相続人が契約していた火災保険があれば、内容によっては、これを更新することも有用です。ただし、自宅内の家財に付されている家財保険は不要となるケースが多いと思います。

新しく火災保険契約を締結する場合、空き家の火災保険の加入に消極的な保険会社もあります。火災消失のリスクが高いと考えていることが理由の１つと思われますが、リスクが高いからこそ加入しておきたいところです。

● 保全措置

倒壊リスクのある建物であれば、相応の保全措置を取ることも考えられます。管理方針として、売却処分、取壊処分などの方向性も見極めつつ対応します。

【権利の主体】

不動産の登記名義は「亡○○相続財産」と変更します。不動産登記に相続財産管理人の名前は記載されません。

相続財産管理人が管理行為や処分行為をするにあたっての契約の主体は相続財産法人（亡○○相続財産）となります。あくまで相続財産が法人であり、権利義務の主体は相続財産法人なのです。

ゆえに相続財産管理人は、「亡○○相続財産」を権利義務の主体として、その管理人（代表者）として行動します。

【不動産登記　サンプル抜粋】

権利部（甲区）（所有権に関する事項）			
順位番号	登記の目的	受付年月日・受付番号	権利者その他の事項
1	所有権移転	平成〇年〇月〇日 第〇〇号	原因　平成〇年〇月〇日売買 所有者　〇〇市・・ 甲野太郎
付記1号	1番登記名義人氏名変更	令和〇年〇月〇日 第〇号	原因　令和〇年〇月〇日相続人不存在 登記名義人　亡甲野太郎相続財産

建物所有目的の借地権の管理

●建物の所有名義の変更

まずは、所有不動産である建物の登記名義を変更します。また、地主に連絡を取り、契約主体が変更した旨の通知をします。

●借地契約の管理

いわゆる借地権とは、建物の所有を目的とする土地の賃借権（地上権）を指し、借地借家法2条1号でも認められています。すなわち、借地権には通常、財産的な価値があります。管理方針としては、一定の価値が存在する財産であることを念頭に管理します。当該価値を保全する方向で行動します。

具体的には、早めに地主に連絡を取ります。被相続人死亡後、相続財産管理人選任までの地代の不払いが想定されます。借地権の維持には地代の支払いが重要ですから地代不払いを解消して賃貸借契約の正常化を図ります。

また、相続財産から地代が捻出できない場合には、地主に対してその旨の理解を得るように努めます。信頼関係に基づく契約ですから、地主との関係には気を遣う必要があります。

地主が明け渡しを求めており、借地権の保全が困難な場合、借地権を金銭換価し清算すること（地主による買取り、第三者への譲渡）も検討します。もちろん、この場合には相続財産管理人の権限外行為となりますので権限外行為許可申立が必要になります。

被相続人が生前から長年地代を滞納していたなど相応の事情があり、地主との信頼関係が破壊されたと考えられる場合には、賃貸借契約を終了せざるを得ない場合も考えられます。建物解体処分をするには、相続財産管理人は権限外行為許可申立をする必要がありますが、借地権に価値があることからすると安易な処分はできません。

【借地借家法２条（定義）】

この法律において、次の各号に掲げる用語の意義は、当該各号に定めるところによる。

① 借地権　建物の所有を目的とする地上権又は土地の賃借権をいう。

② （以下省略）

借家不動産、借地不動産（建物所有目的の借地権を除く）の管理

契約名義の変更

賃貸人に契約主体が変更した旨の連絡をします。

賃借契約の管理

賃借契約については、相続財産管理人として契約を維持することも、解除することも権限の範囲内となります。

ただし、賃料の負担を考えると、使用していない被相続人の賃借物件であれば維持しておく必要性は低いと考えられますので、解除の判断をすることが多いです。

●賃借契約を解除する場合

賃借契約を解除する場合には賃料の清算をします。賃借人が負担すべき費用については契約書類をもとに合理的に清算します。敷金や保証金の返還を受けることも忘れずにします。また、加入している火災保険を解約して返戻金を取得する手続きを取ります。

契約解除に際して、賃借物内に残置された動産類については、一定の処理方針をもって、保管保全したり、処分したりします。

いわゆるゴミ屋敷であったり、残置動産が多い場合、専門業者に依頼して処分することも考えられます。残置動産の処分は、部屋の広さ（動産の量）にも比例し、高額（数十万円単位、数百万円単位）となることも考えられます。複数の見積もりを取るなどして業者の選定をします。

賃貸不動産の管理

●契約名義の変更

賃借人に契約主体が変更した旨の連絡をします。

●賃貸契約の管理

相続財産法人が賃貸人である場合も、賃貸契約を維持するのか、解除するのかは相続財産管理人の権限内ですから合理的な判断が求められます。

ただし、賃貸人である場合、賃料を収受できるので、賃借人である場合に比べて解除すべき要請の程度は大きくないと思います。いわゆる投資用マンションでは管理会社が賃料回収を代行し、管理業務を担っていることもあり、賃借人が存在しても管理や処分に支障が出るケースが少ないことも考えられます。

相続財産管理人は賃料回収方法を整備して、賃貸人の義務を踏まえつつ物件管理の見通しを立てます。

●賃料の回収

相続財産管理人は選任前までの未回収の賃料を回収し、今後の賃料の回収方法を整備します。賃料は相続財産管理人名義の通帳に回収するようにします。

賃借人が賃料供託していればこれを回収することも考えられます。賃料供託に関する書類の交付を受けて、法務局にて手続きを取ります。

管理会社や賃料回収代行会社が賃料を受領し預かっていることも考えられます。相続財産管理人はこれら会社から支払ってもらい回収します。

●賃貸契約を解除する場合

相続財産管理人において、賃貸契約を解除する場合、賃借人との関係の清算も必要です。

賃借人に賃料不払いがあり、信頼関係が破壊したと考えられる事情があれば別ですが、解約の申入れは正当な事由があると認められる場合でなければなりません（借地借家法28条参照）。たとえば、賃借人に落ち度がない場合や賃借人が賃借物件で商売をしているなどの場合、立退料の支払い申出が、解約申入れの正当事由具備の重要な要素となります。

立退料を支払うこと自体は、相続財産管理人の権限を超えるものと考えられますから、権限外行為許可申立が必要となります。

【借地借家法 28 条（建物賃貸借契約の更新拒絶等の要件）】

建物の賃貸人による第 26 条第 1 項の通知又は建物の賃貸借の解約の申入れは、建物の賃貸人及び賃借人（転借人を含む。以下この条において同じ。）が建物の使用を必要とする事情のほか、建物の賃貸借に関する従前の経過、建物の利用状況及び建物の現況並びに建物の賃貸人が建物の明渡しの条件として又は建物の明渡しと引換えに建物の賃借人に対して財産上の給付をする旨の申出をした場合におけるその申出を考慮して、正当の事由があると認められる場合でなければ、することができない。

動産類の管理

自動車、バイク

自動車やバイクの保管場所を把握し、管理方法を整備します。保管自体で他人に迷惑をかけていないか、保管場所が適切なのかどうか検討します。

また、駐車場を賃借している場合、自動車を保持しているだけでも管理費用がかかってしまいます。自動車やバイク自体も早期に売却処分したほうが経済合理性を図れるケースもあります（権限外行為許可事項）。廃車にする場合（権限外行為許可事項）でも引取り料が不要となり、鉄くずとして扱い換価できる場合もありますから、柔軟に検討します。

そのほかの動産類

動産類（家具、家財、衣類など）で価値のないものについて破棄することは、相続財産管理人の権限の範囲内と考えられます。

破棄費用も管理費用として支払うことができます。破棄については処分業者を利用することも考えられますが、費用が非常に高額になることも多いので、複数業者から見積もりを取るなどして適正な価格を見極めます。

価値、無価値の判断は一次的には相続財産管理人の判断に任されますが、動産類の中に高価品が含まれていることもありますから、破棄の際には業者任せにせず、注意を払う必要があります。

価値のある動産類（宝石など）については、相続財産管理人自身が保管することが考えられます。たとえば、法律事務所の金庫で保管するなどです。

金融資産、債権の管理

預貯金、現金

被相続人名義の預貯金は、口座を解約して一本化します。預貯金口座の解約は相続財産管理人の権限内の行為です。

そして、預金の名義は「亡○○○相続財産管理人○○○」名義に変更します。新たに相続財産管理人にとって都合のよい便利な銀行口座を開設して集約するのもよいでしょう。

通帳の印鑑も相続財産管理人の印鑑を使用します。弁護士の職印を使用する例が多いです。

【預金の解約方法】

各銀行によって異なりますが、概ね次のような書類作成と資料提出が必要となります。

- 預金払戻請求書（銀行所定の書式に記載）
- 通帳やカード
  （見当たらない場合には、紛失届を作成する場合もあります）
- 印鑑証明書、相続財産管理人選任の審判書
- 相続人関係図
- 振込依頼書（払戻金を振込みで受け取る場合）

被相続人が保有する銀行の支店の取扱いとなることが多いです。大手銀行では相続財産管理人とって便利な支店で対応してくれる場合もあります。また郵送での手続きの可否など、事前に取扱い支店に電話で確認するようにします。

有価証券

有価証券の存在は郵便物や通帳の履歴などからも確認できます。株式は証券自体が存在しない場合もあるので注意します。

有価証券を把握したら、名義変更の措置を取ります。証券会社にて管理されているのであれば、預貯金の場合と類似する手続きとなることが多いです。非上場会社の株式であれば、会社に連絡を取って名義を変更してもらうために必要な書類を交付します。

いずれも名義変更を完了させ、配当金を受領するなどして管理します。また、有価証券は現金と同視できるものではありませんので、相続財産管理人に売却換金する権限があるとは解されません。売却換金するには権限外行為許可の申立てが必要になります。

債　権

債権回収に努めて時効中断の措置も検討しつつ債権管理します。回収した金員は相続財産管理人名義の口座で管理します。

時効中断のためには、内容証明郵便での請求書送付や訴え提起するなどの工夫も必要です。

相手方に相応の言い分があったり、資力がなく支払いを拒絶しており債権回収が困難な場合には、根気強く回収の努力をし、場合によっては裁判手続も検討します（権限外行為許可事項）。

それでも回収困難な場合には債権の一部を放棄する内容の合意や債権の全部放棄も考えられます（権限外行為許可事項）。

保険金

被相続人が保険契約をしていた場合、保険金請求ができるものもありますので内容を確認します。保険契約には様々な種類のものがあります。死亡により終了となった保険契約でも返戻金や保険金が請求できる場合があります。契約していた保険契約はすべて確認すべきです。

債務の管理

継続的契約

被相続人の不動産にまつわる光熱費関係（電気、ガス、水道、電話、NHK、新聞など）などの継続的な契約について整理する必要があります。

原則として、これら契約を保持しておく必要性は乏しいですから、解約の措置を取るべきです。手続きは比較的容易なことが多いです。電話だけで済むこともあります。清算については、日割り計算ではなく、月ごとの清算の場合もありますので注意が必要です。

一般的な債務

相続債権者および受遺者に対する請求申出の催告の前提として相続債権者や受遺者の情報（債権者らの名称、住所、債権の種類や内容）は把握しておきます。請求書や契約書を確認して、できる限りその内容を把握しておきます。通帳の履歴や振込明細書などもきっかけになります。

債権者が消費者金融であれば、いわゆる過払金が生じているケースも考えられます。これは財産（不当利得返還請求権）となります。消滅時効の観点からも、取引履歴を取り寄せるなどして早めに内容を確認しておくことも考えます。

相続債権者および受遺者に対する請求申出の催告

相続債権者および受遺者に対する請求申出の催告は誰がどのように実施するのですか。

相続債権者および受遺者に対する請求申出の催告の流れ

相続財産管理人は、選任公告（民法952条２項の公告）から２カ月が経過し、相続人のあることが明らかにならなかったとき、第２回目の公告である相続債権者および受遺者に対する請求申出の催告の公告手続を取ります。

選任公告とは異なり、相続財産管理人自らが官報に公告文を掲載する手続きを取ります。通常、家庭裁判所に対する初回報告を済ませてから行うことが多いです。

また、相続財産管理人は、並行して、知れている相続債権者および受遺者に対して個別に請求申出の催告をします。個別に連絡を取って相続債権者や受遺者の権利内容を把握します。

相続財産の調査が未了であれば、相続債権者および受遺者に対する請求申出の催告をしつつ、調査を継続します。

☑ 相続財産管理人が自ら官報に公告文を掲載する手続きを取ります。

☑ 相続財産管理人は、知れている債権者らに対して個別的に連絡を取って催告します。

☑ 公告期間終了後、債権者らに対して弁済（配当弁済）を実施します。

【相続債権者・受遺者に対する請求申出の催告の流れ】　公告期間２カ月

① 相続債権者および受遺者に対する請求申出の催告の公告と個別催告

↓

② 債権者および受遺者の調査・整理

↓

③ 弁済（配当弁済）

↓

④ 相続人捜索の公告

相続債権者および受遺者に対する請求申出の催告の公告

相続債権者および受遺者に対する請求申出の催告の公告の意味

相続財産管理人は、相続人のあることが明らかにならないまま選任公告から２カ月経過したならば、相続債権者および受遺者に対する請求申出の催告の公告手続を取ります（民法957条１項）。

相続財産管理人が、相続債権者や受遺者に対して、清算の予告をする意味があります。

なお、相続債権者および受遺者に対する請求申出の催告は、限定承認者による手続きを準用しています（民法957条２項で、927条２項から４項および928条から935条まで（932条ただし書を除く）を準用するとしています）。

【民法957条（相続債権者及び受遺者に対する弁済）】
1　第952条第２項の公告があった後２箇月以内に相続人のあることが明らかにならなかったときは、相続財産の管理人は、遅滞なく、すべての相続債権者及び受遺者に対し、一定の期間内にその請求の申出をすべき旨を公告しなければならない。この場合において、その期間は、２箇月を下ることができない。
2　第927条第２項から第４項まで及び第928条から第935条まで（第932条ただし書を除く。）の規定は、前項の場合について準用する。

弁済の拒絶

相続財産管理人は、公告期間が満了するまで相続債権者および受遺者に対して弁済を拒むことができます（民法957条２項、928条）。

他方、優先権を有する債権者に対しては別異に解されますので、公告の期間にかかわらず、優先権を有する範囲で弁済の対応をすることが考えられます（民法929条ただし書参照）。

【民法928条（公告期間満了前の弁済の拒絶）】
限定承認者は、前条第１項の期間の満了前には、相続債権者及び受遺者に対して弁済を拒むことができる。

【民法929条（公告期間満了後の弁済）】
第927条第1項の期間が満了した後は、限定承認者は、相続財産をもって、その期間内に同項の申出をした相続債権者その他知れている相続債権者に、それぞれの債権額の割合に応じて弁済をしなければならない。ただし、優先権を有する債権者の権利を害することはできない。

請求催告の効果

相続債権者および受遺者に対する請求申出の催告の公告期間が満了すると、相続財産管理人が知らず届け出なかった債権者や受遺者は、いったん除斥されます（民法957条２項、927条２項本文）。知れている相続債権者や受遺者は除斥されません（民法957条２項、927条２項ただし書）。

相続財産管理人は、公告期間満了後、知れている債権者や受遺者、届け出た債権者や受遺者に対し弁済行為に着手します。

なお、相続財産管理人が知らず届け出なかった債権者や受遺者も完全には除斥されません。残余財産があれば権利行使は可能となります（民法957条２項、935条）。ただし、遅くとも次の相続人捜索の公告期間内には届け出る必要があります。

【民法927条（相続債権者及び受遺者に対する公告及び催告）】
1　（省略）
2　前項の規定による公告には、相続債権者及び受遺者がその期間内に申出をしないときは弁済から除斥されるべき旨を付記しなければならない。ただし、限定承認者は、知れている相続債権者及び受遺者を除斥することができない。
3　（以下省略）

【民法935条（公告期間内に申出をしなかった相続債権者及び受遺者）】
第927条第１項の期間内に同項の申出をしなかった相続債権者及び受遺者で限定承認者に知れなかったものは、残余財産についてのみその権利を行使することができる。ただし、相続財産について特別担保を有する者は、この限りでない。

請求申出催告の公告の方法

相続財産管理人は自ら官報公告掲載の手続き（官報販売所に官報公告掲載の申込み）をします。官報販売所は全国にあり、また、全国官報販売協同組合のホームページにも要領が記載されています。

相続財産管理人は官報公告掲載申込書に必要な事項を記入し、官報公告掲載の案文を作成して掲載を申し込みます（次頁参照）。

官報販売所から掲載予定文が送付されたら、相続財産管理人において最終チェックをして問題がなければ了解します。掲載予定日を確認して官報公告費用を支払います。

後日、実際に掲載された官報を確認します。相続財産管理人は、官報に掲載されたことを家庭裁判所にも報告して情報を共有します（86頁参照）。

【官報公告等掲載申込書の例】

官報公告等掲載申込書

申込欄	私は、掲載依頼者による本件官報公告等の掲載申込みを行う権限を有する者であることを誓約の上、下記の通り官報公告等の掲載を申込みます。 なお、この申込が受理された場合は、「官報公告等掲載約款」に定める条件で官報公告等掲載契約が成立することを承諾します。 令和　　年　　月　　日　　氏名＿＿＿＿＿＿＿＿

記

お申込みされる方は、右記の中からご自分の該当する欄（□枠内）にチェックを入れた後、先にお進みください。	□掲載依頼者の代表者（①「掲載依頼者情報記入欄」にお進みください。） □掲載依頼者の代表者以外の者（以下「代理者」といいます。） （①「掲載依頼者情報記入欄」、②「代理者情報記入欄」にお進みください。

①掲載依頼者情報記入欄	公告申込日	令和　年　月　日（　曜日）
	掲載依頼者名（法人名）	
	掲載依頼者の代表者氏名	亡○○相続財産管理人○○
	掲載依頼者の所在地	〒
	連絡先	（電話）　　　　　　（FAX）
		（その他）
	依頼する官報公告等の名称	相続債権者および受遺者に対する請求申出の催告
	掲載料金	官報公・広告料金表に定められた料金
	掲載希望日	□なし　□あり　令和　年　月　日（　曜日）
	ゲラ拝（校正）の有無	□なし　□あり　（公告の種類によってゲラ拝できないことがあります）

②代理者情報記入欄	代理者の役職等・氏名	
	住所	〒
	連絡先	（電話）　　　　　　（FAX）
		（その他）
	備考欄	

（注）1　掲載原稿の内容については、必要に応じて取次店から確認をさせて頂きます。
2　お申込み内容確認のため、掲載依頼者にご連絡させて頂く場合等があります。
3　官報公告等掲載申込書及び掲載申込者の個人情報については、官報販売所及び官報公告等取次店で保有及び管理します。
4　ご記入された情報(個人情報を含む。)は、お申込内容の確認、請求書や掲載紙の送付及び関連する商品・サービスのご案内のために利用いたします。なお、お申込内容の確認のために必要な限度で、独立行政法人国立印刷局に情報を提供する場合があります。

以下、取次店記載欄

掲載予定日	令和　年　月　日（　曜日）
入稿形態	□持参　□郵送　□FAX　□メール　□その他（　　　）
請求書の送付先	□①依頼者　□②代理者　□その他（　　　）
掲載紙の送付先	□①依頼者　□②代理者　□その他（　　　）
旧字体漢字及び特殊文字又はマーク等	□なし　□あり（　　　）
備　　考	

取次店名	取次店受付日付印

【管理報告書の例】

令和〇年（家）第〇〇号
令和〇年〇月〇日

〇〇家庭裁判所　家事審判官殿

被相続人　亡〇〇
相続財産管理人弁護士　〇〇　㊞

管理報告書（第〇回）

頭書の相続人不存在による相続財産管理人選任事件の被相続人の財産管理につき、下記の通りその管理状況を報告します。

記

頭書の令和〇年〇月〇日付相続財産管理人選任の公告後、令和〇年〇月〇日までに相続人のあることが明らかにならなかったので、民法９５７条により当管理人は令和〇年〇月〇日付で「相続債権者・受遺者への請求申出の催告」を官報に公告しました。

添付書類
令和〇年〇月〇日付官報写し（抜粋）

【請求申出催告の公告の例】

相続債権者受遺者への請求申出の催告

本籍○○県○○市・・・、

最後の住所○○県○○市・・・

被相続人　亡　○○

右被相続人の相続人のあることが不明なので、一切の相続債権者および受遺者は、本公告掲載の翌日から２カ月以内に請求の申出をしてください。右期間内にお申出がないときは弁済から除斥します。

令和　年　月　日

○○県○○市・・・

相続財産管理人　弁護士　○○

相続債権者および受遺者に対する請求申出の個別催告

個別催告の意味

相続財産管理人は、相続債権者および受遺者に対する請求申出の催告の公告と並行して、知れている相続債権者および受遺者に対して、各別に債権の存在や内容を申し出るように通知します（民法957条2項、927条3項）。

相続財産の清算のため、債権内容を把握する目的で個別的に催告します。正確に債権の内容を把握する必要がありますので、債権者には具体的に届け出てもらう必要があります。

なお、公告期間が満了しても、知れている相続債権者や受遺者は除斥されません。

> 【民法927条（相続債権者及び受遺者に対する公告及び催告）】
> 1～2（省略）
> 3　限定承認者は、知れている相続債権者及び受遺者には、各別にその申出の催告をしなければならない。
> 4　（省略）

個別催告の方法

個別催告を受ける相続債権者や受遺者に応じて、適切に届け出てもらうように文書を送付します。債権者らが届出をしやすいように債権届出書を同封する工夫をしてもよいでしょう。

たとえば、破産手続における債権届出書も参考になりますが、届出書は債権の内容が把握できるものでも足ります。特に配当弁済を予定する場合には元本をベースとすることが多いので、細かな利息の計上までは不要とすることも考えられます。

公告期間満了後の対応

相続債権者や受遺者の整理

届けられた相続債権者や受遺者には順番に番号を付すなどして整理します。知れている債権者らは除斥されませんので、届出されない債権者らには提出を促すことも検討します。

相続財産管理人は、債権者らの届出と異なる心証を抱いた場合には、当該債権者らにその旨を通知し、補充資料の提出を促します。それでも、届出債権が認定できない場合には、債権者らにその旨の連絡をして理解を得るようにします。ケースによっては、和解を試みたり、訴訟で債権内容を確定させたりすることも考えられます（権限外行為許可事項）。

また、債権者においてすでに債権放棄の処理をしており、届出をしない債権者もいます。この場合、債権放棄する旨の文書を差し入れてもらうようにします。

優先債権の有無、債権間の優劣の確認

●優先債権

優先権のある債権者に対しては、その権利を害することはできません。ある目的物に対して優先権を有する債権者であれば、その目的物の価値の範囲内で弁済を受けることができますので、その範囲で弁済します。

実際には当該目的物について権限外行為許可を得て売却換価し、同時に清算（弁済）することが多いです。目的物の売却にて清算しきれなかった部分は一般債権者として取り扱います。

(滞納) 公租公課について

破産法や国税徴収法のように、民法には公租公課に優先性を認める規定はありません。そうすると公租公課には優先性はなく一般債権と同等の順位として取り扱うことになります。

ただし、実務上の処理は色々と考えられるところです。相続財産管理人の責任追及の対象とならぬよう慎重な対応が求められます。

たとえば、固定資産税の滞納が存在する不動産や滞納公租公課の差押えのある不動産の売却については、滞納公租公課を清算しないと売却が進まないことも考えられます。これら公租公課については優先的に取り扱い、不動産の売買と同時に清算することが考えられます。

一般債権より優先される債権

特定の目的物を対象としない一般の先取特権については、一般債権よりも優先的に弁済を受けられる権利となります。相続財産管理人は、公告期間満了後、弁済ないし配当弁済する際に優先的に支払うことを考えます。

たとえば、区分所有建物における管理組合が区分所有者に対して有する管理費や修繕積立金の請求権です（建物の区分所有等に関する法律７条)。共益費用の先取特権とみなされていますので、優先的に弁済を受けられる債権となります。

【建物の区分所有等に関する法律７条（先取特権)】

1　区分所有者は、共用部分、建物の敷地若しくは共用部分以外の建物の附属施設につき他の区分所有者に対して有する債権又は規約若しくは集会の決議に基づき他の区分所有者に対して有する債権について、債務者の区分所有権（共用部分に関する権利及び敷地利用権を含む。）及び建物に備え付けた動産の上に先取特権を有する。管理者又は管理組合法人がその職務又は業務を行うにつき区分所有者に対して有する債権についても、同様とする。

2　前項の先取特権は、優先権の順位及び効力については、共益費用の先取特権とみなす。
3　（省略）

相続債権者と受遺者

相続債権者は受遺者に優先します。受遺者は、相続財産が残存することを前提に受けられる者であり、相続債権者への弁済終了後に残った財産から受けられます（民法957条２項、931条）。

なお、包括受遺者は、相続人と同一の権利義務を負うことになりますので、相続人が現れたことと考えます。相続財産管理人の業務終了事由となりますので、ここでの議論とは別となります。

【民法 931 条（受遺者に対する弁済）】
限定承認者は、前二条の規定に従って各相続債権者に弁済をした後でなければ、受遺者に弁済をすることができない。

【実例として】

マンションの管理組合が申立人となっている事案で、相続財産管理人に選任されました。被相続人がマンション管理費と修繕積立金を滞納していることを前提とした申立てでした。物件は無担保でした。

この事案では、流動財産はありませんでしたので、物件を売却して得た金銭を原資に優先的に滞納金を支払いました。

近時、マンションの管理組合による申立ても増えているようです。マンションの管理組合は、管理組合規約、総会議事録などの資料をもって当事者性や利害関係を示して申立てをします。

●**相続債権者および受遺者の請求申出期間中に届け出ず、相続財産管理人の知らない相続債権者や受遺者**

相続債権者および受遺者の請求申出の催告の公告期間に届け出ず、相続財産管理人の知らない相続債権者や受遺者はいったん除斥されます。

しかし、3回目の公告である相続人捜索の公告期間の満了時までに届け出れば、残余財産がある場合に限り弁済を受けることができます。ゆえに後順位の者としての地位は残ります。

債権者および受遺者への報告

相続財産管理人は、債権者や受遺者から相続財産の状況について問合せがあったならば、その状況を報告します（民法954条）。

相続財産管理人は、債権者らの利益にも配慮すべき立場でもあるのです。

【民法954条（相続財産の管理人の報告）】
相続財産の管理人は、相続債権者又は受遺者の請求があるときは、その請求をした者に相続財産の状況を報告しなければならない。

受遺者の有無に関する調査

自筆証書遺言の有無

相続財産管理人が相続財産を調査する際に自筆証書遺言を発見することがあります。自宅や貸金庫内から遺言が発見されることもあります。

また、遺言の体裁が欠けていた書面が発見された場合にも、特別縁故者該当性や分与の相当性の判断に有用なケースもありますから、安易に処分しないようにします。

【自筆証書遺言書保管制度】

「法務局における遺言書の保管等に関する法律」が令和２年７月10日に施行となりました。

民法でも自筆証書遺言の自筆要件が緩和され（民法968条２項、３項）、遺言者が作成した自筆証書遺言を管轄の法務局に保管してもらう制度ができたのです。

公正証書遺言よりも気軽に利用できる側面もあり、また、法務局に保管してもらうことで紛失や改ざん防止に繋がり、検認手続（民法1004条１項）も不要となるなどの一定の効果も付与されます（法務局における遺言書の保管等に関する法律11条）。

遺言者の死亡後、相続人や受遺者らにおいて、法務局に遺言保管の有無や内容確認を求めることもできます。

また、保管制度を利用した遺言者には保管証が発行されます。自宅や貸金庫内に保管証が保管されていることも考えられます。相続財産管理人が自筆遺言証書を発見することも考えられます。

公正証書遺言の有無

公証役場にて被相続人の公正証書遺言の存否を調査してもらう手続きがあります。データベース化された以降のものに限定されますが、被相続人の公正証書遺言の有無が判明します。

最寄りの公証役場において申込書に記載し、選任審判書謄本を示すなどすれば検索してくれます。検索自体は無料です。

仮に公正証書遺言が存在すると判明した場合、別途、手数料を支払えば閲覧したり謄本を発行してもらえたりします。

相続財産管理人と遺言執行者

相続財産の一部について遺言があり遺言執行者が選任され、また、相続人不存在を理由に相続財産管理人が選任され、両者が競合する事案があります。

これについては、いずれの権限が優先するのか規定はありません。

実務上、様々な処理が考えられます。相続財産内容や双方の選任時期などの実情に応じて家庭裁判所と協議のうえで対応を検討します。

相続債権者および受遺者に対する弁済

弁済の方針の検討

相続債権者および受遺者に対する請求申出の催告の公告期間（2カ月）が満了し、債権者らを確定して優先関係の整理も済んだら、弁済の方針を検討します。

全額弁済が可能であれば、内容を確定させて適正な金銭の支払いをします。そして次の相続人捜索の公告の手続きを進めます。弁済する流動財産がない場合には相続財産の換価も検討します。

債務超過の場合には、債権額の割合に応じて配当弁済を実施します(民法957条2項、民法929条)。明らかに債務超過であれば、次の相続人捜索の公告を省略し、相続財産を清算して配当弁済することが考えられます。

受遺者への弁済は、各債権者への弁済が終了した後に実施します。

【民法929条（公告期間満了後の弁済)】

第927条第1項の期間が満了した後は、限定承認者は、相続財産をもって、その期間内に同項の申出をした相続債権者その他知れている相続債権者に、それぞれの債権額の割合に応じて弁済をしなければならない。ただし、優先権を有する債権者の権利を害することはできない。

相続財産管理人の責任

相続財産管理人は弁済に関する損害賠償責任（民法957条2項、934条)を負います。相続財産管理人は債権者らに対する支払いについて、疑義がないように整理して弁済します。

【民法934条（不当な弁済をした限定承認者の責任等）】

1　限定承認者は、第927条の公告若しくは催告をすることを怠り、又は同条第1項の期間内に相続債権者若しくは受遺者に弁済をしたことによって他の相続債権者若しくは受遺者に弁済をすることができなくなったときは、これによって生じた損害を賠償する責任を負う。第929条から第931条までの規定に違反して弁済をしたときも、同様とする。

2　前項の規定は、情を知って不当に弁済を受けた相続債権者又は受遺者に対する他の相続債権者又は受遺者の求償を妨げない。

3　第724条の規定は、前二項の場合について準用する。

弁済原資の確保

債権者らへの弁済のため必要な範囲で相続財産を換価して弁済原資を確保します（権限外行為許可事項）。全体として債務超過と予測されるケースでは基本的にはすべての相続財産を事前に換価します。

受遺者がいて遺贈の対象物になっている相続財産も同様で、債権者らに対する弁済が必要な限り処分換価します。

弁済の実施

●全部弁済できる場合

相続財産をもって十二分に弁済できるケースでは、前記確定した債権者らに対して弁済します。相続財産管理人は債権者らに対して全部弁済する旨や支払時期を予告して弁済するとよいでしょう。

相続財産をすべて換価済で、全部弁済をすると相続財産管理人報酬や立替金を賄えないケースもあります。この場合には相続財産管理人の報酬や立替金の清算を優先させますので、配当弁済の方法により対応します。

●配当弁済とする場合

相続財産に不足が生じて債権額の割合に応じて配当弁済する場合、相続財産管理人は手順を踏んで弁済します。

相続財産管理人の配当弁済は、破産手続における配当手続と異なり厳格な定めはなく、相続財産管理人としては手順に迷うところです。一般的な手順を検討していきます。

① 配当原資の確定

まず、相続財産が不足して全額弁済できない可能性がある場合には、家庭裁判所に事前に報告します（次頁参照）。相続財産管理人は、立替金を清算し、相続財産管理人の報酬付与申立（149頁参照）をして決定を得て報酬の清算をしておきます。

そして、配当弁済に必要な経費（郵送料や振込手数料）はあらかじめ計算して控除し、具体的な配当原資の金額を確定させます。

なお、相続財産管理人の立替金や報酬を清算した結果、相続財産がなくなれば配当原資がないので配当弁済もすることはできません。相続財産がなくなれば相続財産管理人の業務は終了となります。

【配当原資の確定チェック事項】

□ すべての相続財産の換価

□ 相続財産管理人の立替金の清算

□ 相続財産管理人の報酬付与申立、報酬付与決定、清算

□ 配当弁済に係る費用の確保（郵送料、振込手数料など）

【管理報告書の例】

令和○年（家）第○○号

令和○年○月○日

○○家庭裁判所　家事審判官殿

被相続人　亡○○

相続財産管理人弁護士　○○　㊞

管理報告書（第○回）

頭書の相続人不存在による相続財産管理人選任事件の被相続人の財産管理につき、令和○年○月○日付「相続債権者および受遺者への請求申出の催告」の期間が令和○年○月○日に満了しました。

よって、被相続人の消極財産が確定しましたので、被相続人の財産目録および債権者目録を提出します。

併せて、本件相続財産の管理状況および管理方針を下記の通り報告します。

記

1　管理期間　令和○年○月○日～令和○年○月○日

2　管理の計算

（1）管理のために要した費用○○円

（2）管理に伴い受領した金員○○円

3　管理事務の経過

管理事務経過一覧表の通り。

4　今後の方針

債務超過であることが明らかとなりました。相続財産管理人の立替金や報酬を清算して配当弁済を予定しています。

以上

添付書類

・財産目録

・債権者目録

・管理事務経過一覧表

② 配当表の作成

相続財産管理人が認める債権を前提に、配当原資を割り付けて配当表を作成します（102頁参照）。一般債権よりも優先する債権の有無を確認し、優先する債権があれば優先的に弁済します。

残余した財産をベースに一般債権者に（配当）弁済をします。ケースによって優先的な債権に対する弁済が配当弁済となり、一般債権者には配当できなくなることもあります。

配当の対象となる債権金額の定め方については明確な決まりはありません。破産手続の破産開始決定日のような明確な基準日もありません。

実務上、明確で簡便な方法として、債権額元本を基準に配当弁済するのが通例と考えられます。遅延利息については、基準日も定まりませんので加味しないことが多いです。

③ 配当表の作成、送付

配当弁済のための配当通知書（101頁参照）や口座指定書を準備してすべての債権者に送付します。配当表をすべての債権者に交付してすべての債権者から疑義が出ないように調整します。

すべての債権者に送付し疑義が出たならば訂正して対応します。配当の基本となる債権額が変更となれば、他の債権者にも影響がありますので配当表を交付し直します。すべての債権者が同意したと考えられる場合に実際に配当弁済します。弁済に際してすべての債権者から同意書を得ることも有用です。

相続財産管理人は、あらかじめ個別に債権者に意見を伝えるなどして理解を得ておく工夫も必要です。配当表を何度も送付されると債権者らに不信感が生じてしまい、円滑に業務が進まない恐れもあります。

なお、配当弁済の場面においても相続財産管理人には一定の裁量があると考えられており、配当弁済の内容について逐一、家庭裁判所がチェックするとは限りません。弁済にあたっては、相続財産管理人は細心の注意を払って実施します。

④ 配当（優先関係）で問題となる例（滞納公租公課の取扱い）

配当弁済となる場合には、一般債権と滞納公租公課は同列に扱うことが原則ですが、破産法や国税徴収法の適用場面では滞納公租公課に優先権を認めていることもあり、優先関係でトラブルになることもあるようです。

相続財産管理人の配当弁済は債権者の同意を根拠としています。そうすると、公租公課庁や一般債権者を含めたすべての債権者に配当表を交付して、すべての債権者の同意を根拠として公租公課庁に優先性を認める処理も考えられるかもしれません。相続財産管理人は後の紛争や過誤防止のため、できる限りの工夫をすべきだと考えます。

なお、すべての債権者の同意が得られないような事案では、相続財産の破産申立も考えられます（破産法222条以下）。破産手続では公租公課には一定の優先性が認められます。

弁済終了

弁済の結果、相続財産に大きな変動が生じますので整理をします。

相続財産管理人は、弁済の結果について管理報告書を作成し、管理事務経過一覧表や帳簿をもって報告します。

配当弁済を実施するケースでは通常、相続財産はなくなります。相続財産管理人は、家庭裁判所に対して管理終了報告書（103頁参照）を作成し提出すると、業務は終了します。

【配当通知書の例】

○○家庭裁判所令和○年（家）第○○号相続財産管理人選任事件
被相続人　○○

令和○年○月○日

御　連　絡

債権者各位

相続財産管理人弁護士　○○　　　㊞
電話
ＦＡＸ

頭書事件について配当弁済を行いますので、同封の配当表をご確認ください。

配当金の支払いは、銀行口座への振込送金により行いますので、同封の書類を当職まで送付してください。

下記期日までに、異議なく配当表記載のすべての方から必要書類が送付された場合、手続きに同意されたものとして速やかに配当表記載の金額の振込手続を進めさせていただきます。

この場合、配当金の支払いにより相続財産はすべて消滅するため、相続財産管理人の業務はすべて終了となる予定です。

配当弁済手続の都合上、書類は令和　　年　　月　　日（○）までに提出してください。どうぞ宜しくお願いいたします。

なお、ご不明な点はお気軽にお問合せください。

記

1	配当の手続きに参加することのできる債権の総額	金　　万　円
2	配当をすることができる金額	金　　万　円
3	貴殿の配当見込額	配当表の通り

以上

同封書類
・配当表
・同意書兼口座指定書

【債権者目録・配当表の例】

■ 配当表

令和○年(家)○号
被相続人 ○
相続財産管理人 ○
(単位:円)

届出番号	枝番	届出債権					債権調査の結果			配当関係		備考
		債権者名	住所	種類	届出額	届出額(小計)	認めない債権額	認める債権額	認める債権額(小計)	配当の手続に参加することができる債権の額	配当することができる金額	
1		A社		貸付金	100,000	100,000	0	100,000	100,000	100,000	10,000	
2		B社		立替金	200,000	200,000	0	200,000	200,000	200,000	20,000	
3	1	C		売掛金	700,000	850,000	0	700,000	700,000	700,000	70,000	
	2			立替金	150,000		150,000	0	0	0	0	裏付け証拠なし。
				総合計		1,150,000	150,000		1,000,000	1,000,000	100,000	

【管理終了報告書の例】

令和○年（家）第○○号

令和○年○月○日

○○家庭裁判所　家事審判官殿

被相続人　○○

相続財産管理人弁護士　○○　㊞

管理終了報告書

頭書の相続人不存在による相続財産管理人選任事件の被相続人の財産管理につき、添付資料の通りに管理しましたので報告します。

また、頭書事件について、債権者に対する配当弁済により相続財産が消滅し、管理業務が終了しましたので、管理事務経過一覧表の通り報告します。

なお、国庫に帰属させるべき金員はありません。

1　管理期間

令和　　年　　月　　日～令和　　年　　月　　日

2　管理の計算

（1）管理のために要した費用○○円

（2）管理に伴い受領した金員○○円

添付資料

・財産目録
・管理事務経過一覧表
・配当表
・相続財産管理人名義の預金通帳（写し）

相続人捜索の公告

相続人捜索の公告は誰がどのように実施するのですか。

相続人捜索の公告の流れ

相続財産管理人は、相続債権者および受遺者に対する請求申出の催告の公告期間満了後、なお相続人のあることが明らかでない場合に、相続人捜索の公告の手続きを取ります。相続人捜索の公告は、相続財産管理人が家庭裁判所に対して請求（申立て）をして家庭裁判所が公告をします。

すでに２回の公告が済んでいます。公告期間中、相続財産管理人は管理方針に従って相続財産の処分を進めていくことも検討します。

なお、債権者らに対する弁済をすることで相続財産が消滅する見込みがある場合、いずれ相続財産が消滅しますので、相続人捜索の公告の申立ては不要と解されています。

【相続人捜索の公告後の流れ】公告期間６カ月～

① 相続人捜索の公告の申立て

↓

② （状況に応じて）相続財産の処分

↓

③ 期間満了（特別縁故者に対する相続財産分与手続へ）

- ☑ 相続財産管理人が家庭裁判所に対して公告するように申立てをして、家庭裁判所が公告の手続きを取ります。
- ☑ 事案によっては、相続人捜索の公告を省略することができます。

相続人捜索の公告の手続き

相続人捜索の公告の意味

相続財産管理人は、民法957条１項の公告（相続債権者及び受遺者に対する請求申出の催告の公告）期間の満了後、なお相続人のあることが明らかでないときは、家庭裁判所に対して相続人捜索の公告の請求をします（民法958条）。

家庭裁判所は、相続財産管理人の請求に応じて「相続人があるならば一定の期間内にその権利を主張すべき旨」を公告します。その公告期間は６カ月を下ることはできないとされています。

相続人を探すための最後の公告となり、相続人に権利主張の機会を設けるために実施します。

【民法958条（相続人の捜索の公告）】
前条第１項の期間の満了後、なお相続人のあることが明らかでないときは、家庭裁判所は、相続財産の管理人又は検察官の請求によって、相続人があるならば一定の期間内にその権利を主張すべき旨を公告しなければならない。この場合において、その期間は６箇月を下ることができない。

相続人捜索の公告の効果

民法958条の公告（相続人捜索の公告）の期間内に、相続人としての権利主張をしなければ、相続人は権利行使することができなくなります。また、相続財産管理人が知らず届け出なかった相続債権者および受遺者も権利行使することができなくなります（民法958条の２）。

この場合、相続人の不存在であることや相続財産が確定するため、特別縁故者に対する相続財産分与の手続きが開始します。

【民法 958 条の２（権利を主張する者がない場合）】
前条の期間内に相続人としての権利を主張する者がないときは、相続人並びに相続財産の管理人に知れなかった相続債権者及び受遺者は、その権利を行使することができない。

相続人捜索の公告の申立方法

相続財産管理人は家庭裁判所に対して、相続人捜索の公告の申立てをします（次頁参照）。相続財産管理人は、相続債権者および受遺者に対する請求申出の催告の公告期間の満了後、なお相続人があることが明らかでないことを示して書面をもって申立てをします。

家庭裁判所は申立てを相当と判断すると官報に公告する手続きを取ります。掲載料として予納金が必要となる場合があります。

相続人捜索の公告が官報に掲載されると、家庭裁判所は相続財産管理人に対して、官報に掲載した旨の通知をしますので、これを確認するようにします（108頁参照）。相続人捜索の公告期間満了日は、特別縁故者に対する相続財産分与の申立期間の起点になります。

【相続人捜索の公告の請求例】

令和○年（家）第○○号

相続人捜索の公告の請求（民法９５８条）

令和○年○月○日

○○家庭裁判所　御中

○○県○○○○○○
○○法律事務所
亡○○相続財産管理人
弁　護　士　　　○○

申　立　て　の　趣　旨

下記被相続人に相続人があるならば一定の期間内にその権利を主張すべき旨の公告をされたい。

申　立　て　の　原　因

1　申立人は御庁令和○年（家）第○○号相続人不存在による相続財産管理人選任申立事件について、令和○年○月○日その財産管理人に選任され、御庁において管理人選任の公告をされた。

2　ところが、同公告から２カ月以内に相続人があることが明らかにならなかったので、申立人は、令和○年○月○日付官報をもって、一切の相続債権者および受遺者に対して、同公告の翌日より２カ月以内に請求の申出をするよう公告した。

3　しかし、なお、相続人があることが明らかにならなかった。

そこで、さらに、相続人があるならば一定の期間内にその権利を主張すべき旨の公告をされたい。

記

本　　籍	○				
最後の住所	○				
被相続人	亡○○	（昭和	年	月	日生）
		（令和	年	月	日死亡）

【官報掲載通知の例】

相続財産管理人○○殿

令和○年○月○日

○○家庭裁判所　裁判所書記官○○

官　報　掲　載　通　知　書

あなたが相続財産管理人として申し立てた令和○年（家）第○号相続権主張の催告申立事件（被相続人亡○○）につき、相続権主張の催告の公告が、令和○年○月○日官報第○号○頁の公告欄に掲載されたので、下欄貼付の通り通知します。

なお、催告期間満了日は令和○年○月○日です。

催告期間満了日から３カ月間は、「特別縁故者に対する相続財産の分与申立事件」の申立期間です。この申立てがあったときは、別に通知いたします。

【相続権主張の催告の公告例】

相続権主張の催告

次の被相続人の相続財産に対し相続権を主張する者は、催告期間満了の日までに当裁判所に申し出てください。

令和○年（家）第○号

住所○○

申立人○○

本籍○○、最後の住所○○、死亡の場所○○、死亡年月日○○、出生の場所○○、出生年月日○○、職業○○

被相続人　亡○○

催告期間満了日　令和○年○月○日

○○家庭裁判所

相続人が発覚した場合

相続人のあることが明らかになった場合には、相続財産法人は成立しなかったものとみなされます（民法955条）。

相続財産管理人の代理権は、相続人が相続の承認をしたときに消滅します（民法956条１項）。ただし、それまで相続財産管理人がしてきた業務の効力は否定されません（民法955条ただし書）。

相続人が発覚した場合、相続財産管理人は費用や報酬を清算して、それまで管理してきた財産を相続人に対して計算報告をして引き継ぎます。相続財産管理人は家庭裁判所に対して引継ぎの報告をすると、家庭裁判所は選任処分を取り消すことになります。

【民法 955 条（相続財産法人の不成立）】

相続人のあることが明らかになったときは、第 951 条の法人は、成立しなかったものとみなす。ただし、相続財産の管理人がその権限内でした行為の効力を妨げない。

【民法 956 条（相続財産の管理人の代理権の消滅）】

1　相続財産の管理人の代理権は、相続人が相続の承認をした時に消滅する。

2　前項の場合には、相続財産の管理人は、遅滞なく相続人に対して管理の計算をしなければならない。

相続財産管理人が相続人を発見した場合の対応方法

相続人と思われるものが発覚した場合

認知の訴えなどの人事訴訟により相続人が出現し、相続人捜索の公告期間中に申し出ることも考えられます。また、相続財産管理人が、相続放棄の申述した者について法定単純承認事由を確認することもあります。

相続財産管理人は、これら事情が判明したと考えた場合には、その旨を家庭裁判所に報告するなどして情報を共有します。

人事訴訟で相続人が確定した場合

人事訴訟の判決確定により相続人の存在も確定します。戸籍上も相続人が明確になります。人事訴訟の判決確定後、相続財産管理人は速やかに相続人に対して計算報告をして引き継ぎます。

法定単純承認事由が発覚した場合

相続財産管理人が、相続放棄の申述をした者について法定単純承認事由があることを確認し、相続人が判明することも考えられます。

ただし、法定単純承認事由については、それが明確な場合とそうでない場合も考えられます。相続放棄の申述をした者が法定単純承認事由に該当しないと争うことも予測されます。

相続財産管理人は法定単純承認事由と思われる事情を発見したならば、その内容を精査して家庭裁判所と協議する必要があります。

【民法920条（単純承認の効力）】

相続人は、単純承認をしたときは、無限に被相続人の権利義務を承継する。

【民法921条（決定単純承認）】

次に掲げる場合には、相続人は、単純承認をしたものとみなす。

① 相続人が相続財産の全部又は一部を処分したとき。ただし、保存行為及び第602条に定める期間を超えない賃貸をすることは、この限りでない。

② （省略）

③ 相続人が、限定承認又は相続の放棄をした後であっても、相続財産の全部若しくは一部を隠匿し、私にこれを消費し、又は悪意でこれを相続財産の目録中に記載しなかったとき。ただし、その相続人が相続の放棄をしたことによって相続人となった者が相続の承認をした後は、この限りでない。

相続人に対する引継ぎ、業務終了

相続人が発見された場合には、相続財産管理人は相続人の意向を確認して財産を引き継ぎます。

相続人に引き継ぐ財産については、相続財産管理人の立替金や報酬を清算した後の残余財産と解されますので、事前に報酬付与申立（149頁参照）を行うなどして整理します。

相続財産管理人は相続人にすべての財産を引き渡し、相続人に受領証を作成してもらいます。相続財産管理人は家庭裁判所に対し、その旨を報告し選任処分の取消しを申し入れ、家庭裁判所が選任処分を取り消すと業務は終了となります（家事事件手続法208条、125条7項）。

【実例として】

相続人全員が相続放棄の申述をした結果、相続人が不存在となり相続財産管理人が選任された例です。選任後の調査で、実は被相続人の死亡時に被相続人を当事者とする訴訟継続中で、当該訴訟については相続放棄の申述前の相続人が受継して判決を得て金員を取得していたという事実が判明したのです。

相続放棄の申述をした相続人もこれを自認し、財産を引き継ぐ意思を示したため引き継ぐことになりました。家庭裁判所も単純承認事由に該当して相続人が発覚したことを前提に相続財産管理人の選任処分を取り消しました。

なお、相続財産管理人の業務が終了しても、相続放棄の申述の有効性を直接判断したわけではありません。自認した相続人と債権者との間で別途、相続放棄の申述の効果を争う余地は残っています。

包括受遺者

相続財産管理人の業務中に包括受遺者の記載のある遺言が発見されることもあります。

相続財産全部の包括受遺者については相続人と同等に扱うため（民法990条）、相続財産管理人の業務の必要性がなくなり、相続人が判明した場合と同様と考えます（最二小判平成９年９月12日民集51巻８号3887頁）。

相続財産全部の包括受遺者が発見された場合、相続財産管理人は相続財産を包括受遺者に引き継ぎます。

相続財産管理人は包括受遺者に連絡するなどして引継ぎ意思を確認します。相続財産全部の包括受遺者は、相続財産管理人からの連絡で初めて相続の事実を知ることも考えられます。相続財産全部の包括受遺者が相続放棄の申述の意向を示した場合には、その措置を待って引継ぎの要否を検討するということも考えられます。

包括受遺者への相続財産の引継ぎが済んだならば、相続人に引き継いだのと同様となり、相続財産管理人の業務は終了となります。

なお、相続財産一部の受遺者であれば、残部について相続財産管理人の業務の必要性は継続します。

【民法990条（包括受遺者の権利義務）】
包括受遺者は、相続人と同一の権利義務を有する。

【最二小判平成９年９月12日民集51巻８号3887頁】抜粋

『遺言者に相続人は存在しないが相続財産全部の包括受遺者が存在する場合は、民法951条にいう「相続人のあることが明かでないとき」には当たらないものと解するのが相当である。』

相続財産の処分

相続財産管理人は相続財産を処分することができるのでしょうか。

権限外行為許可申立の概要

権限外行為許可の対象となる相続財産の処分

相続財産管理人の権限は保存行為等に限定されます。

しかし、相続財産管理人は相続財産の管理や清算のため処分が必要なこともあります。また、債権者らへの弁済のため、国庫納付のためには相続財産の処分換価も重要になります。

相続財産管理人が保存行為等の権限を超える行為をするときには、家庭裁判所に対し権限外行為許可申立をして許可審判を得なければなりません。

処分の必要性の検討

相続財産管理人は管理方針を念頭に置きながら、換価の必要性を具体的に検討します。そもそも相続財産を換価すべきかどうかの検討が必要です。一次的には相続財産管理人の裁量となりますから、事案に応じて権限外行為許可を得て処分すべきかどうかの判断をします。

債務が存在するケースや国庫納付を予定するケースでは、相続財産を換価する必要性が認められやすくなります。他方、相続人に引継ぎをする可能性のあるケース、特別縁故者に分与する可能性のあるケースなどでは、これらの者の意思を確認しつつ、相続財産との利害関係を把握しながら実情に応じた判断が求められます。

☑ 相続財産管理人は家庭裁判所の許可を得ることで相続財産を処分することができます。

☑ 相続財産管理人は、処分条件、処分内容を調えて権限外行為許可申立をして許可を得ます。

処分の時期

権限外行為許可申立の時期については、一般に相続債権者および受遺者に対する請求申出の催告の公告（第２回公告）の期間が満了してからと考えられています。同公告によって相続債権者や受遺者が確定して清算手続が開始するからです。

一般に相続財産管理人選任後すぐに財産を処分すべき必要性は見い出しにくく、実情を把握しきれていない時点での換価は相当ではありません。

相続財産管理人選任後すぐに相続財産を換価すること自体は否定されていないと考えられますが、限定的なケースに留まります。

【実例として】

不動産共有者の１人の相続財産管理人に選任されました（共有不動産の抵当権者が選任申立人です）。

選任後、各調査したところ、共有不動産の被担保債権は滞納中で、もう１人の共有者（連帯債務者であり内縁の配偶者）において任意売却を進め、買主候補者まで現れていたのです。この契約成立に各関係者は期待していました。

正直、相続財産管理人就任直後の判断は困難でしたが、不動産の評価額を調査したところ、非常に有利な売買価格であることが判明しました。また、共有不動産の売却をするには共有者の理解も重要です。債務超過の事案と想定され、相続人の判明可能性も低く、早期売買によるメリットがありました。買主候補者も、購入後の請負契約を締結済で期待を寄せ、抵当権者も被担保債権額全額の弁済とはならないものの同意していました。

そこで、契約条件について詰めの交渉を行い、共有者との関係（費用）の整理をし、抵当権者との関係を調整して、売買契約を調えました。そのうえで、共有持分について「亡○○相続財産」に登記名義を変更し、初回報告として財産目録、管理報告書を作成提出するとともに、共有不動産について共有者と共同して売却する権限外行為許可申立をしました。申立時期としては、相続債権者および受遺者に対する請求申出の催告の前でした。

家庭裁判所の判断がすぐに出されない可能性があることは関係者に告知しておきましたが、数日中に権限外行為許可の審判が出されました。例外的で特殊なケースだと考えられますが、参考の１つになればと思います。

権限外行為許可申立の方法

相続財産を処分換価することは相続財産管理人の権限外の行為ですから家庭裁判所の許可が必要です。相続財産管理人は、家庭裁判所に対して権限外行為許可申立をします。処分の対象となる財産ごとに整理して申立てをします。

権限外行為許可申立書を作成するには事前準備も重要です。

申立書作成にあたっても、権限外行為許可申立書の申立ての趣旨を、抽象的に「不動産の売却許可を求める」と記載するのでは足りず、処分内容を具体的に特定して権限外行為許可の申立てをする必要があります。処分の必要性や相当性があることを踏まえて、処分の内容（相手方の特定、条件）を整理して手続きを取ります。

以下、相続財産管理人が取り扱うことが多いであろう財産について、個別的に検討していきます。

不動産売却に関する権限外行為許可申立

不動産売却の方法

相続財産管理人は、不動産を売却することを決めたならば、事前に買主を見つけ契約条件を調えておく必要があります。相続財産管理人の恣意的な売却は許されません。売却手続の適正性を確保して価格も適正であることを前提に、相続財産法人に負担や責任が生じない契約をします。

不動産業者や買主の選定についても疑義がないようにします。複数の不動産業者を利用したり、買主の選定についても広く売却の機会を周知する方法を採ったり、入札方式を採ったりと、公平平等な形を採るようにします。

もちろん、売却の合理的な手段として、被相続人の利害関係人（借地権売買における底地権者、不動産の占有者など）に買い取ってもらうことも考えられます。

不動産価格についても、複数の査定書を取得して価格の把握に努めます。不動産鑑定士の査定書を入手したり、固定資産税評価や相続税路線価など公的な評価を把握しておくことも有用です。

【相続税路線価】

土地の相続税などの計算指標で、国税庁のインターネットサイトに記載されています。対象土地を路線価図面で検索すると、対象土地に面した道路1平方メートル当たりの価格を調べることができます。1平方メートル当たりの価格に対象土地の面積を乗じて相続税路線価を計算します。

なお、山林などの土地については価格の記載がない地域もあります。倍率地域といいますが、固定資産税評価額に一定の倍率を乗じ価格を算出します。

相続税路線価は、固定資産税評価額よりも実際の取引価格に比較的近いとされ、容易に計算できます。相続財産管理人の実務にかかわらず、相続実務においては参考指標とされることが多いです。

不動産売却の条件

契約条件については、相続財産法人に負担や責任が生じないようにします。事前に買主には理解を求めておき、内諾を得るようにします。

いわゆる不動産業者が使用する定型の契約書をそのまま利用しないように注意し、少なくとも次の点については注意を払うようにします。定型の契約書を利用する場合でも定型文を削除したり、特約条項を盛り込むなどします。

●家庭裁判所の許可を前提条件とすること

家庭裁判所の権限外行為許可が出るまで契約をしないようにします。少なくとも家庭裁判所の許可を契約条件とします。許可が出なかった場合に相続財産法人に責任が生じないようにします。

●契約不適合責任の免責

現状有姿による引き渡しとし、相続財産法人が契約不適合責任を負わないようにします。

●決済方法

手付金条項を設けること自体は否定されませんが、手付倍返しなど相続財産法人が責任を負う条項は排除します。一括決済とすることも検討します。

固定資産税などの精算については日割りにするなどします。

●相続財産管理人側の負担

対象物件に抵当権が付されていれば、売買と同時に抵当権を抹消しなければならないケースが多いです。不動産取引一般において、抵当権の負担のある不動産をわざわざ購入する買主はほとんどいないからです。

決済日に受領した代金を即刻、被担保債権に弁済して抵当権の抹消登記ができるように、抵当権者と調整しておきます。受領する代金をもって、被担保債権の全額の弁済に満たないケースでは抵当権者が抹消登記に応じてくれないこともあります。事前の調整が重要です。

不動産売買契約書の作成、内諾

契約書は不動産業者の用意する契約書を利用するとしても、特約条項を利用して加筆したり、定型文を削除したり、訂正したりします。契約の主体は、法人である「亡○○相続財産」となります。

作成した契約書の内容については、買主候補者の内諾を得ておきます。

不動産売却の権限外行為許可申立

相続財産管理人は不動産売却に関する準備を整えて権限外行為許可申立をします（121頁参照）。

●申立ての趣旨について

申立ての趣旨については、たとえば「申立人は、被相続人の相続財産である別紙１物件目録記載の不動産について、○○（○○県・・）との間で、別紙２売買契約書（案）の通り売買契約を締結し、同人に、金○○万円で売却することの許可を求める」などと記載します。申立ての趣旨に別紙を引用するのもよいと思います。
少なくとも物件、売却先、売却代金を特定します。できる限り具体的な申立ての趣旨を掲げる必要があります。

●申立ての理由について

不動産売却の必要性や買主候補者に対して当該価格で売却換価する相当性を整理します。また、売買内容や手続きが適正であることを示す理由を記載して、これを支える資料も準備します。

●証拠書類について

相続財産管理人は、不動産売買契約書の案文、当該不動産の評価資料（評価証明書、査定書）などの書類を調えます。
不動産売却に関する権限外行為許可申立に関して、一般的に添付する証拠書類は次の通りです。

【一般的に必要な書類】

- □ 不動産登記簿謄本
- □ 固定資産税評価証明書
- □ 不動産査定書
- □ 契約書（案）、買付申込書
- □ 買主の情報（住民票、全部事項証明書）　など

許可審判

申立てが相当と判断されると許可審判が出されます（122頁参照）。
権限外行為許可申立自体が一苦労ですから、相続財産管理人としては、認容されるように慎重に進めるべきです。

【権限外行為許可申立書の例】

権限外行為許可審判申立書

令和○年○月○日

○○家庭裁判所　御中

故○○相続財産管理人弁護士　○○

当　事　者　の　表　示

住所　○○
故○○の相続財産管理人　弁護士　○○

本籍　○○
最後の住所　○○
被相続人　亡○○

権限外行為許可申立事件

申　立　て　の　趣　旨

申立人は、被相続人の財産である別紙１物件目録記載の不動産を、別紙２売買契約書の通り、株式会社○○（○○市・・・）に対し、金○○円で売却することを許可するとの審判を求める。

申　立　て　の　理　由

1　申立人は故○○の相続財産管理人である（御庁令和○年（家）第○○号）。
2　別紙１物件目録記載の不動産（以下「本件不動産」という）は故○○の相続財産である。
3　本件不動産は・・・であり、本件不動産を売却する必要性が高い。
4　申立外○○によると本件不動産は○○万円と査定され・・・の方法で買主候補者を募ったところ、株式会社○○から金○○円の買い付け申出が認められた。そして、株式会社○○は別紙２売買契約書を成立させることについて内諾している実情にある。
5　以上から、申立人は、申立の趣旨の通りの行為をするのが相当と考え、その許可を求める。

以上

添付資料
・登記事項証明書
・評価証明書、申立外○○作成の査定書
・全部事項証明書

【権限外行為許可審判の例】

令和○年（家）第　号

審　判

事務所　○○

申立人　○○

本籍　○○

最後の住所地　○○

被相続人　亡○○

上記申立人からの相続財産管理人の権限外行為許可申立事件について、当裁判所はその申立てを相当と認め、次の通り審判する。

主　文

1　相続財産管理人である申立人が、被相続人亡○○の相続財産である別紙1物件目録記載の不動産を、別紙2売買契約書（案）の通り、株式会社○○（○○市・・）に対し、金○○円で売却することを許可する。

2　手続費用は申立人の負担とする。

令和○年○月○日

・・・家庭裁判所

裁判官・・

これは謄本である

令和○年○月○日

・・家庭裁判所

裁判所書記官・・㊞

許可審判後の流れ

●契約書作成、決済準備

相続財産管理人は許可審判に基づいて処分行為を実現させます。具体的には許可を受けた契約を実現するため契約書の調印日や決済日を調整します。また、決済日に抵当権者に弁済するのであれば抵当権者とも調整します。

不動産売却に伴う不動産名義の変更については、通常、買主側で司法書士を選任することが多いです。そこで、当該司法書士とも連絡を取り、当日の段取りを調整します。名義変更のためには家庭裁判所発行の印鑑証明書、許可審判書の謄本が必要になるので持参したり、名義変更のための書類の作成が必要になります。書類の有効期限には注意します。

また、決済日に被担保債権に弁済をして抵当権の抹消登記をする場合には、通常、抵当権の抹消登記については売主側（相続財産法人側）の負担となることが多いです。決済当日に抵当権の抹消登記をできるように手筈を取ります。司法書士を選任するなどして手続きを確認しておきます。

公租公課庁が不動産に差押えを実施している場合、公租公課庁に連絡を取り弁済するなどして差押えを取り下げるように調整します。

●決済日当日

買主側が融資を受けて購入することも多いので、買主の都合のよい銀行が決済場所となることが多いです。相続財産管理人は、事前に準備した決済に必要な書類をもって赴きます。通常、決済日に固定資産税を清算します。

許可審判や契約書に基づき買主から売買代金を受領します。振込みで受領するのであれば、口座保有の支店に電話をしたり、記帳をするなどして相続財産管理人名義の口座に入金されたことを確認します。

売買代金の受領確認ができたならば、名義変更に必要な書類を買主に交付します。

また、決済日に相続財産管理人が被担保債権に対して弁済する場合、抵当権者が金員を受領したことを確認し、抵当権者から抵当権抹消に必要な書類を受領します。

【決済当日確認事項】

□ 売買代金受領と所有権移転登記に必要な書類の作成交付

□ 抵当権者への支払いと抵当権抹消に必要な書類の受領

実施報告

相続財産管理人が、許可審判に基づいて財産を処分すると、相続財産の内容が変動します。相続財産管理人は管理報告書を作成し、家庭裁判所に対して資料をもって報告します。所有名義が変更されたことを不動産登記簿謄本で確認して提出します。関与した司法書士から交付してもらうのもよいです。

また、取得した代金を相続財産管理人名義の口座にて管理していることを通帳の写しをもって示します。

動産、有価証券の売却（贈与、放棄）に関する権限外行為許可申立

売却（贈与、放棄）の方法

不動産売却と同様に、動産類についても買主を見つけ契約条件を調えて売却の段取りを整理します。恣意的な売却は許されません。売却手続の適正性を確保し、価格も適正であることを前提に、相続財産法人に負担や責任が生じない契約をします。買主の選定、価格、契約条件については、不動産の売却と同様に慎重を期した契約をするように

して、契約書を作成することも検討します。

権限外行為許可申立書の作成にあたっても不動産売却の場合と同様です。申立ての趣旨や理由については、少なくとも物件、売却先、売却代金を特定します。できる限り具体的な申立ての趣旨を掲げる必要があります。申立ての趣旨に別紙として契約書（案）を引用することもよいでしょう。

また市場価値が変動する動産類の場合、価格の特定が困難なケースも考えられます。この場合、抽象的な申立ての趣旨でも許される場合もあります。申立ての理由の中で、価値が変動することや、おおよその価格を特定するなど情報を整理して補完するようにします。

許可審判が出たら売却して代金を受領します。許可審判に基づいて売買を履行すると相続財産内容の変動がありますので、家庭裁判所に対して管理報告書を提出します。

換価が非常に困難な財産については、贈与や放棄も検討します。

動産の具体例

宝石、貴金属、自動車、バイクなどが考えられます。物によっては、家財、家電なども考えられます。未使用の郵便切手やハガキなどの金券類も考えられます。

価値ある動産については破棄ではなく処分換価します。たとえば、専門業者、リサイクルショップなどの買取業者などに売却することも検討します。

自動車、バイク、そのほか価値が高いと考えられる動産については、個別に見積もりを取って適切な価格を把握して買主の内諾を得てから権限外行為許可申立をして売却を試みます。自動車やバイクの売却については名義の変更も伴います。名義変更については、許可審判書の謄本や相続財産管理人の印鑑証明書などが必要になります。

なお、自動車やバイクについては、通常、換価価値があることが想定されます。それゆえ仮に価値が見出せず廃車するとしても権限外行為許可の申立てをして家庭裁判所の判断を仰ぎます。廃車にする場合でも鉄くずとして扱い換価できる場合もあります。

郵便切手、ハガキなどの金券類については、おおよその取引価格を把握して、売却価格を特定しないまま売却の権限外行為許可申立をすることも考えられます。

有価証券の具体例

証券会社で管理されている株式、債券などがあります。また、被相続人が直接関与した非上場会社の株式も考えられます。

いずれも権限外行為許可を得て売却することを検討します。

証券会社で管理されている有価証券について具体的な売却価格の特定が困難な場合、売買価格を特定しないまま売却の権限外行為許可申立をすることも考えられます。許可審判後の換価については、証券会社での手続きに時間が掛かることも多いです。

非上場会社の株式の売却については、価格、売却先など慎重に検討すべきです。合理的な価格を算出しなければなりません。株式比率に大きな影響を与えるケースも考えられますから売却先も慎重に検討します。会社の譲渡承認の手続きも確認します。相続財産管理人の売却によって紛争が起こらないように注意すべきです。

そのほかの権限外行為許可申立

特別な金銭の支払い、特別の合意

たとえば、賃貸借契約の解約に伴う立退料の支払いなど契約関係の清算に伴う特別な支払い、法的トラブルにおける解決金の支払いなどが考えられます。相手方との間で、清算に向けた交渉をして、想定される合意書を準備し内諾を得たうえで、支払いや合意に関する権限外行為許可の申立てをします。

遺産分割協議

相続財産法人が、別の被相続人の相続人となっていることもあります。相続財産法人が唯一の相続人であれば、単独で相続手続を実施します。

共同相続人の１人であれば、他の共同相続人との間で協議をして、遺産分割協議を成立させる必要があります。遺産分割協議は処分的な行為ですから権限外行為許可申立が必要です。

遺産分割協議にあたっては相続財産法人の法定相続分が確保されているかどうかが重要です。相続財産管理人の権限外行為許可申立のメルクマールであり、家庭裁判所の許可審判の基準と考えられます。

葬儀関係費用の支払い

●親族が立て替えていた場合

近親者が葬儀費用を支払っていることもあります。葬儀費用は喪主負担との考えが有力であるところ、単純な負債ではありません。葬儀費用を負担した者が清算を希望した場合、相続財産管理人は相続財産において負担すべき事情の有無を確認し、支払うのであればその内容を精査して権限外行為許可申立をしなければなりません。

許可審判が出たならば金銭を支払って、領収書を発行してもらいます。

●相続財産管理人が直接支払う場合

被相続人や親族のお骨が発見され、被相続人に親族や身寄りもいない場合、相続財産管理人において供養（永代供養）をする必要があるケースも考えられます。

相続財産管理人は供養先を選定します。被相続人と縁のあるところや、場合によっては永代供養を前提に間口を広く開放している寺院も存在しますので、これら寺院に連絡を取ってみるのもよいでしょう。

また、被相続人のお墓が存在し、承継者が不在であれば、墓終いの措置を取る必要があるケースも考えられます。

相続財産管理人は、必要な手続きや費用を把握して権限外行為許可の申立てを行います。必要な費用については明示的な決まりがないケースもありますが、実情や慣行を把握し、相当な額を算出する必要があります。

許可審判を得たら、費用を支払い供養します。支払った費用については、一般的に領収書を発行してくれないイメージがありますが、発行してくれることもありますので確認します。

●裁判手続

応訴することは保存行為と考えられています。訴え提起することは時効中断目的であれば別と考えられますが、基本的には処分的な行為として権限外行為許可の対象と解されます。

訴え提起の必要性を示し、訴状（案）や主要な証拠類を示すなどして権限外行為許可の申立てをします。許可審判が出たならば裁判手続を取ります。

裁判手続中に和解の成立が見込まれる場合には、和解案を作成して相手方の内諾を得て、別途、和解成立に関する権限外行為許可申立をすることが必要です。和解に関する許可審判が出たならば、相続財産管理人は和解を成立させて和解内容を実現します。

【実例として】

相続財産として、借地上の建物があり、当該建物には借家人がいるというケースの相続財産管理人に選任されました。借地契約と貸家契約の整理が必要な事案でした。

借地権について、被相続人は生前から長年の地代不払い（一部は消滅時効にも掛かっている）という事情もありましたが、地代不払いの具体的な内容、金額は判明せず、ひとまず被相続人死亡後の地代に限定して支払うこととして地主の一応の理解を得ました。

貸家については、築50年以上の木造家屋であって長期的な維持は難しく、契約解除を試みましたが合意解除には至りませんでした。長年居住する借家人には賃料不払いもなく、被相続人死亡後には賃料供託している誠実な借家人でもあったのです。

しばらく清算の糸口が掴めませんでしたが、借家人から家屋の不具合の連絡があり、借家人は家屋の修繕を希望しました。修繕費が膨大にかかることは明らかでしたので、相応の立退料を支払う打診をしたところ賃貸借契約の合意解除の内諾が得られました。そこで、相応の立退料を支払うことに関する権限外行為許可を得て、借家人に明け渡してもらうこととなりました。

そして、借家人の明渡しについて、地主も知ることとなり、地主とも清算に向けた協議が開始しました。長年の地代不払いの点については借地権の評価として加味して、借地権付き建物を地主が買い取る内容で内諾が得られたのです。そこで、借地権付き建物を地主に売却する権限外行為許可を得て、売却換価することができました。

その後、地主は建物を解体撤去して更地にし、今では新しい家屋が立っています。

特別縁故者に対する相続財産分与

特別縁故者に対する相続財産分与の申立てがありました。相続財産管理人は何をしたらよいのでしょうか。

特別縁故者に対する相続財産分与手続の概要

相続人が発見されないまま相続人捜索の公告期間が満了すると、相続人の不存在が確定します（民法958条の２）。

相続人捜索の公告（第３回目の公告）の期間満了後３カ月以内に、被相続人と特別の縁故があった者は、家庭裁判所に対して相続財産分与の申立てをすることができます（民法958条の３）。

債務超過のケースでは、相続人捜索の公告が省略されることも多く、また、分与すべき財産もないので、特別縁故者に対する相続財産分与手続は実施しません。

【相続人捜索の公告満了後の流れ】３カ月

①　特別縁故者に対する相続財産分与申立期間の開始

↓

②　縁故者申立に対する相続財産管理人の対応

↓

③　残余財産があれば国庫納付手続へ

☑ 相続財産管理人は、縁故者申立に関して意見を述べなければなりません。

☑ 特別縁故者該当性、相続財産分与の相当性についての意見を検討します。

相続財産が残っていれば国庫帰属となりますが、国庫帰属の直前に一定期間を設けて、相続人ではない特別縁故者に対する相続財産の分与を認めたのです。相続権もなく、遺言などでも保護が図られない者の救済的側面があります。

実務的には、特別縁故者に該当するのか、どの程度の財産を分与すべきかが問題となります。

相続財産管理人の事前準備

相続財産管理人選任申立の目的が、特別縁故者に対する相続財産分与申立を念頭に置いている事案も多いです。この場合、選任申立人やその関係者が特別縁故者に対する相続財産分与の申立てをする可能性が高いと把握できます。

特別縁故者の主張予定者を把握したならば、特別縁故者に対する相続財産分与申立の手続きに備えて、その関係性を把握しながら業務を進めていきます。被相続人にとって利害関係人でもありますから財産調査をするとともに関係性を把握します。

相続財産管理人は、特別縁故者に対する相続財産分与の手続きが開始する前にある程度の事情は把握しておくようにします。

特別縁故者申立人による相続財産分与の申立て

相続人捜索の公告（民法958条の公告）の期間に権利を主張する者がいない場合（民法958条の２）、公告期間満了後３カ月以内に、被相続人と特別の縁故があった者は、相続財産分与の申立てを家庭裁判所にします（民法958条の３）。

申立適格

条文上、次の３類型が規定されており、これに該当すると主張する者が申立権者となります。典型例は、内縁の配偶者、事実上の養子などです。

そのほか相続人ではない親族、他人、法人であっても該当することが考えられます。

- □ 被相続人と生計を同じくしていた者
- □ 被相続人の療養看護に努めた者
- □ その他被相続人と特別の縁故があった者

申立てに必要な書類

相続人捜索の公告期間満了後３カ月以内に、縁故者申立人が特別縁故者であることを示す申立書を作成し、証拠書類を用意して家庭裁判所に提出します。

管轄裁判所は、通常、被相続人の相続開始地の家庭裁判所となり、相続財産管理人を選任した家庭裁判所になります。

申立書や住民票などの添付書類のほか、次のような証拠書類を提出することが考えられます。

□ 特別縁故者を裏付ける資料

陳述書、戸籍謄本、戸籍附票、日記、エンディングノート、手紙、写真、領収書、通帳

□ 分与を希望する財産があれば、これに関する資料

陳述書、財産との結びつきを示す書類、契約書その他

【民法958条の3（特別縁故者に対する相続財産の分与）】

1　前条の場合において、相当と認めるときは、家庭裁判所は、被相続人と生計を同じくしていた者、被相続人の療養看護に努めた者その他被相続人と特別の縁故があった者の請求によって、これらの者に、清算後残存すべき相続財産の全部又は一部を与えることができる。

2　前項の請求は、第958条の期間の満了後3箇月以内にしなければならない。

家庭裁判所の審理

特別縁故者に対する相続財産分与の申立てがあると、家庭裁判所はこれを審理します。複数の縁故者申立があった場合、審判は併合されます。

家庭裁判所が審判するには相続財産管理人の意見を聴取しなければなりません（家事事件手続法205条）。

【家事事件手続法205条（意見の聴取）】

家庭裁判所は、特別縁故者に対する相続財産の分与の申立てについての審判をする場合には、民法第952条第1項の規定により選任し、又は第208条において準用する第125条第1項の規定により改任した相続財産の管理人（次条及び第207条において単に「相続財産の管理人」という。）の意見を聴かなければならない。

相続財産管理人の意見

家庭裁判所からの通知

特別縁故者に対する相続財産分与の申立てがあると、家庭裁判所は相続財産管理人に対して、その旨の通知をします（家事事件手続規則110条２項前段）。

家庭裁判所は、相続財産管理人の意見を聴かなければならないことになっているからです。家庭裁判所は相続財産管理人に対し、縁故者申立について意見書の提出を求め、提出期限を指示します(次頁参照)。

申立内容の把握、意見の検討

相続財産管理人は、申立書、添付書類の精査をして意見をまとめます。選任後に収集した情報をもとに整理し、相続財産管理人の意見を検討します。相続財産管理人は、特別縁故者該当性、分与の相当性などについて意見します。

特別縁故者に該当するのか否か判断に迷うケース、特別縁故者に該当する場合でも、どの程度の財産を分与すべきか迷うケースと様々です。実務的にも裁判例の集積で成り立っている部分です。

もちろん、審判は家庭裁判所が出しますので、家庭裁判所と相続財産管理人の意見が相違するケースもありますが、相続財産管理人としては、家庭裁判所に適切な材料を与える必要もあります。本書でも何らかの指針が示せればと思います。

【分与申立通知の例】

分　与　申　立　通　知

令和○年○月○日

相続財産管理人　○○　様

○○家庭裁判所
裁判所書記官　○　○　㊞
電話

令和○年（家）第○○号相続財産管理人選任申立事件（被相続人：亡○○）につき、下記特別縁故者に対する相続財産の分与の申立てがあったので、家事事件手続規則１１０条２項の規定により通知します。

ついては、令和○年○月○日までに、分与の適否およびその額（または特定の財産）についての意見書を提出してください。

なお、意見書には、提出日現在の財産目録を添付してください。

記

事件番号	申立人
令和○年（家）△△号	○○

相続財産管理人の意見書作成のポイント

特別縁故者の３類型

まずは、縁故者申立人が、民法958条の３第１項の定める（ア）被相続人と生計を同じくしていた者、（イ）被相続人の療養看護に努めた者、（ウ）その他被相続人と特別の縁故があった者、のいずれかに該当するのか検討しなければなりません。

生計を同じくしていたものは、療養看護に努めていることもありますから、いずれも相互に関連します。一般民事事件でも家事事件でも、いわゆる内縁の配偶者であったか否かということが争点になることもあります。特別縁故者の該当性の判断はとても難しい問題です。

相続財産管理人は、その立場で得た情報や資料をもとに特別縁故者該当性を検討していきます。

特別縁故者該当性の判断材料

縁故者申立人と被相続人との出会いから被相続人の死亡までの具体的な事情や、これに沿う資料の有無も様々です。被相続人が存在しない以上、様々な事情から推認して判断するようにします。

まずは、縁故者申立人の申立内容と提出証拠の整合性や合理性などを検討していきます。縁故者申立人の申立内容が逐一、証拠で裏付けられているとは限りませんので、縁故者申立人や利害関係人の陳述内容を精査して合理的に判断していきます。

そして、相続財産管理人が自ら収集した事情や証拠も参考にします。住民票や戸籍などの公的な書類、手紙、ノート、手帳、カレンダー、写真などの私的な書類も手掛かりになります。利害関係人や親族などから聴取した内容も参考になります。

特別縁故者の該当性の判断

被相続人と生計を同じくしていた者

被相続人と生計を同じくしていた者かどうか(生計の同一性の有無)については、縁故者申立人と被相続人の出会いから被相続人の死亡までの生活実態を把握して、生計同一の事実を認定します。具体的な同居実態や期間、金銭の流れや内容などから推測します。

通常、生計が同一であるといえると、近しい親族関係と同視できる状態にあるといえます。

内縁の配偶者や事実上の養子と評価されるものは、被相続人と生計を同じくしていた者として特別縁故者に該当することが多いです。内縁の配偶者や事実上の養子の判断においても、同居からの年数、その間の出来事、被相続人の認識などを把握し、生計の同一性や療養看護の有無を把握しながら認定します。

被相続人の療養看護に努めた者

療養看護に努めた事実については、被相続人の療養看護を必要とした内容や時期を把握します。

療養看護を業務として行った者は相当の対価を得ていることが通常ですから、原則として該当しません。また、単なるお見舞いでは足りません。

療養看護に努めた実体を把握し、事実を認定する必要があります。生計同一ではなくとも、療養看護に努めた親族も存在します。

その他被相続人と特別の縁故があった者

被相続人と生計を同じくしていた者や被相続人の療養看護に努めた者と同等程度、被相続人と密接な関係にあった者が該当します。

縁故といえるような特別な事実関係の有無や被相続人の意思などから推測して認定します。

たとえば、被相続人と生計を同じくしていた者とまでいえない親族、被相続人の療養看護に努めたとまでいえない親族についても、その親密の程度によっては、被相続人と特別の縁故があった者と判断できることはあります。

また、他人でも法人であっても特別の縁故があった者と判断されることもあります。限定的な事案に留まるでしょうが、いわゆる老人ホームを運営する法人であっても該当することが考えられます。老人ホームと被相続人の密接な事実関係や老人ホームに財産を残す意向の有無などから判断します。

分与の相当性

特別縁故者３類型に該当すると判断した場合、どの程度の財産を分与すべきかについても検討します。複数の縁故者申立人がいて複数人に特別縁故者と認めるならば、矛盾のない意見を整理します。

たとえば、縁故の程度が強く結びつきが非常に強固で唯一の存在であれば、すべての財産を分与すべきと考えられます。特別縁故者が２名であれば２分の１ずつ分与するということも考えられます。

また、被相続人の意思を推知して相続財産管理人の意見を整理することもあります。被相続人の遺言には該当しないものの遺言に準ずる書面、手帳、ノートの記載から被相続人の意思を推知し分与すべき財産を特定していくことも考えられます。相続財産管理人が多数の利害関係人から聴取した内容も参考にします。

相続財産管理人は、できるかぎり残された資料や利害関係人からの聴取内容などを踏まえて合理的な道筋を検討し、相続財産管理人の意見を整理します。

意見書の作成、提出

相続財産管理人は、これまで検討してきた事項を意見書にまとめて家庭裁判所に提出します（次頁参照）。

相続財産管理人は家庭裁判所に対して審判の判断材料を与えることが重要です。相続財産管理人は自らの立場に責任をもって意見することも大切です。

【特別縁故者意見書の例】

令和○年（家）第○○号　特別縁故者に対する相続財産分与申立事件

令和○年○月○日

相続財産管理人　弁護士・・・㊞

意　見　書

1　意見の趣旨

申立人に対し、被相続人○○の相続財産から金○○円を分与するのが相当と考える。

2　意見の理由

（1）事実関係

（2）特別縁故者の該当性

（3）分与すべき財産

以上

添付資料

・財産目録

特別縁故者に対する相続財産分与申立事件の審判

家庭裁判所による審判

審判は、相続財産管理人の意見と異なることもあります。全部分与の審判（次頁参照）だけではなく一部分与の審判も考えられます。

分与の審判（却下の審判）には、即時抗告権がありますので期間経過後に確定することになります。即時抗告の期間は、審判の告知を受けた日から２週間となります（家事事件手続法86条１項）。

審判が確定すると、家庭裁判所は相続財産管理人に対し、その旨の通知をします（家事事件手続規則110条２項後段）。

審判確定後の対応

相続財産管理人は、確定した審判に基づいて手続きを取ります。

相続財産のすべてを特別縁故者に分与する場合、通常、相続財産管理人は報酬や立替金の清算をしてから引き継ぎます。相続財産管理人は残余財産のすべてを分与して相続財産が消滅したことを家庭裁判所に報告すると、相続財産管理人の業務は終了します。

相続財産の一部を特別縁故者に分与する場合には、分与財産に応じて特別縁故者に対して引継ぎをします。相続財産に残余が生じれば、国庫納付の対象となります。

なお、特別縁故者が不動産を引継ぎ取得する場合には、特別縁故者は単独で登記申請ができる扱いになっています。

【審判書の例】

令和○年（家）第○○号特別縁故者に対する相続財産分与申立事件

審　判

住　所　　○○
申立人　　○○

本　籍　　　　　○○
最後の住所地　　○○
被相続人　　　亡　○○
　　　　　　　　昭和○○年○○月○○日生
　　　　　　　　令和○○年○○月○○日死亡

主　　文

1　被相続人の別紙相続財産目録の相続財産から、相続財産管理人の報酬その他管理費用を控除した残余財産の全部を分与する。

2　手続費用は申立人の負担とする。

理　　由

1　事実関係に照らすと・・
　・・・
　本件申立てを全部認めるのが相当といえる。
2　よって、主文の通り審判する。

令和○年○月○日

○○家庭裁判所
　　裁判官　○○

これは謄本である
前同日同庁
裁判所書記官　○○　　㊞

【特別寄与料】

令和元年７月１日より特別寄与料制度が施行されています（民法1050条）。相続人以外の親族が被相続人の療養看護を行った場合に相続人に対し金銭請求できるとする制度です。介護などをした貢献に対する配慮をして実質的な公平を図ろうとする制度です。

特別寄与料制度は、相続人がいることを前提としています。相続人の有無の差はありますが、特別縁故者に対する相続財産分与の制度と類似する側面があります。今後、民法1050条の裁判例の集積は特別縁故者に対する相続財産分与の審判例に影響を与えることも考えられます。

【民法 1050 条】

1　被相続人に対して無償で療養看護その他の労務の提供をしたことにより被相続人の財産の維持又は増加について特別の寄与をした被相続人の親族（相続人、相続の放棄をした者及び第 891 条の規定に該当し又は廃除によってその相続権を失った者を除く。以下この条において「特別寄与者」という。）は、相続の開始後、相続人に対し、特別寄与者の寄与に応じた額の金銭（以下この条において「特別寄与料」という。）の支払を請求することができる。

2　前項の規定による特別寄与料の支払について、当事者間に協議が調わないとき、又は協議をすることができないときは、特別寄与者は、家庭裁判所に対して協議に代わる処分を請求することができる。ただし、特別寄与者が相続の開始及び相続人を知った時から６箇月を経過したとき、又は相続開始の時から１年を経過したときは、この限りでない。

3　前項本文の場合には、家庭裁判所は、寄与の時期、方法及び程度、相続財産の額その他一切の事情を考慮して、特別寄与料の額を定める。

4　特別寄与料の額は、被相続人が相続開始の時において有した財産の価額から遺贈の価額を控除した残額を超えることができない。
5　相続人が数人ある場合には、各相続人は、特別寄与料の額に第900条から第902条までの規定により算定した当該相続人の相続分を乗じた額を負担する。

共有持分の他の共有者への帰属

他の共有者への帰属

共有者の１人が死亡して相続人がいないときは、その持分は他の共有者に帰属します（民法255条）。

民法255条の趣旨は、共有持分を国庫帰属とすると、国と他の共有者との共有となり、国の財産管理上の手間もあり政策的に国庫帰属の例外として設けられた規定と考えられています（最二小判平成元年11月24日民集43巻10号1220頁）。

【民法255条（持分の放棄及び共有者の死亡）】
共有者の一人が、その持分を放棄したとき、又は死亡して相続人がないときは、その持分は、他の共有者に帰属する。

他の共有者への帰属時期

民法255条の立法趣旨を踏まえて、他の共有者への帰属時期については、債権者らへの弁済、すべての公告を終え、特別縁故者への分与もされないまま残存することが確定したときに、他の共有者に帰属することになります(最二小判平成元年11月24日民集43巻10号1220頁)。

特別縁故者の不存在が確定してから共有者に帰属します。不動産登記については、家庭裁判所が発行する特別縁故者不存在に関する証明書をもって登記手続を進めることができます。

【最二小判平成元年11月24日民集43巻10号1220頁】抜粋

『共有者の一人が死亡し、相続人の不存在が確定し、相続債権者や受遺者に対する清算手続が終了したときは、その共有持分は、他の相続財産とともに、法958条の3の規定に基づく特別縁故者に対する財産分与の対象となり、右財産分与がされず、当該共有持分が承継すべき者のないまま相続財産として残存することが確定したときにはじめて、法255条により他の共有者に帰属することになると解すべきである。』

共有持分を有する場合の相続財産管理人業務

●債務超過の事案

売却換価して弁済原資の確保を検討します。共有持分も売却換価して弁済原資に充てますので、通常、民法255条の問題にはなりません。

●特別縁故者に対して相続財産を分与する事案

共有持分について特別縁故者に対する相続財産分与の対象となることがあります。

そうすると共有持分は、相続財産分与を受ける特別縁故者の所有となりますので、民法255条の問題にはなりません。

●未分割の遺産である場合

別の被相続人の遺産であって共有状態の財産である場合、相続財産管理人は遺産分割協議を進め、遺産分割協議の成立を目指します。

遺産分割協議が成立した場合は、相続時に遡って効力が生じますので、共有とはいえなくなります（民法909条）。民法255条の問題は生じないものと考えられます。民法255条が適用される場面は限定されます。

報　　酬

相続財産管理人は報酬をどのようにして貰うのですか。

報酬付与申立

相続財産管理人の業務の終了の目途が立った場合、相続財産管理人は報酬付与申立をします（民法953条、29条2項）。

相続財産管理人自身が報酬付与申立書を作成して、家庭裁判所に対して提出します。

報酬は相続財産から付与されることが通例ですが、相続財産が乏しいときには予納金（相続財産管理人選任申立人が予納していた金員）から支払われます。

【民法29条（管理人の担保提供及び報酬）】
1　（省略）
2　家庭裁判所は、管理人と不在者との関係その他の事情により、不在者の財産の中から、相当な報酬を管理人に与えることができる。

申立時期の確認

相続財産管理人の報酬は後払いです。それまでの業務の対価として報酬を付与してもらいます。

そこで相続財産管理人の業務が終了する時点で申立てをするのが通常です。

☑ 業務終了の目途が立ったら家庭裁判所に対して報酬付与申立をします。

☑ 家庭裁判所が決定した報酬を相続財産から受領します。

配当弁済によって終了が見込まれる場合には、配当弁済の直前に申立てをします。相続人判明による引継ぎ、特別縁故者に対する相続財産分与により終了が見込まれる場合には引継ぎ直前に申立てをします。国庫帰属となる場合には国庫納付の直前となります。

報酬付与申立の方法

相続財産管理人が家庭裁判所に申立てをすることによって、家庭裁判所が審理します。

申立人は相続財産管理人です。相続財産管理人において申立書を作成し印紙を添付して、審判を求めます（149頁参照）。

相続財産管理人は定期的に管理報告書を提出していますので、業務内容については家庭裁判所も理解していると考えられます。簡単な申立てでも足りますが、申立ての実情として報酬の対象とすべき事情や苦労した業務を強調して記載してもよいでしょう。

もちろん申立時点で未報告の事情があれば、報酬付与申立と同時または事前に管理報告書を提出すべきです。

報酬付与の審判

認められる報酬は事案によって異なります。相続財産の内容や規模をベースとして、相続財産管理人が対応した業務に応じて、家庭裁判所が算出します。相続財産管理人は、報酬付与の審判に基づいて、相続財産から報酬を受領します（150頁参照）。

なお、相続財産では不足してしまう場合には、相続財産管理人選任申立の際に納入されている予納金から受領する手続きを取ります。具体的には、報酬付与の審判が出されたら、相続財産管理人は報酬請求書を作成して家庭裁判所に提出をして報酬を受領します（206頁参照）。

【報酬付与申立書の例】

受付印	家　事　審　判　申　立　書 事件名（ 報酬付与審判申立 ）
収入印紙　円 予納郵便切手　円	収入印紙貼付欄（800円）

準口頭		関連事件番号　令和　年（家）　号

家庭裁判所 御中 令和　年　月　日	申立人	

申立人			
	事務所 住所	〒　　電話	
	フリガナ 氏名		年　月　日生
	職業	弁護士	
被相続人	本籍		
	最後の 住所		
	フリガナ 氏名		年　月　日生 年　月　日亡
	職業		

申立ての趣旨及び実情
被相続人亡○○の相続財産管理人である申立人は、すべての財産管理業務を終了し、被相続人の残務財産を国庫に引き継ぐのみとなりましたので、相当の報酬を付与されたく、審判を求めます。

相続財産管理人（1／1）

【報酬審判書の例】

令和○年（家）第○○号

審　判

事務所　　○○
申立人　　○○

本　籍　　　　　○○
最後の住所地　　○○
被相続人　　　亡　○○
昭和○○年○○月○○日生
令和○○年○○月○○日死亡

上記申立人からの報酬付与申立事件について、当裁判所は申立てを相当と認め、次の通り審判する。

主　　文

1　申立人に対し、相続財産管理人の報酬として、被相続人○○の相続財産の中から○○万円を付与する。

2　手続費用は申立人の負担とする。

令和○年○月○日

○○家庭裁判所
裁判官　○○

これは謄本である
前同日同庁
裁判所書記官　○○　　㊞

国庫納付

すべての公告の手続きが済み、相続財産が残っています。相続財産の国庫納付のポイントについて教えてください。

国庫納付手続の概要

特別縁故者に対する相続財産分与の対象にならず、残余した相続財産は国庫に帰属します（民法959条）。実務的には、相続財産管理人が国庫に納付することで国庫に帰属させます。

【民法 959 条（残余財産の国庫への帰属）】
前条の規定により処分されなかった相続財産は、国庫に帰属する。この場合においては、第 956 条第２項の規定を準用する。

現金納付の原則

国庫納付の方法は、実務上、原則として現金納付とされています。

相続財産の中に不動産や動産が含まれているようであれば、これをそのまま国庫に引き継ぐようなことは基本的にはありません。

言い方を変えれば、相続財産の中に換価困難な不動産や動産が含まれていると、換価できるまで管理が必要となり、業務が長引くことも多いのです。

まずは、換価未了の相続財産が残存しているのであれば、相続財産管理人は換価の努力をします。それでも換価困難な場合には、家庭裁判所とも協議して贈与や放棄するなどの措置を検討します。

☑ 相続財産の現金納付が原則です。相続財産の換価の努力をします。

☑ 相続財産管理人は国庫納付額を確定させ、家庭裁判所の指示に従って納付します。

また、最終的には物納も検討します。あまり実例はありませんが、理財局や家庭裁判所とも協議することで物納できる場合があります。

【売却困難財産の取扱い】

平成29年６月27日付で理財局国有財産業務課より全国の家庭裁判所宛に事務連絡がなされ、物納に関する取扱い解釈の変更がされた旨の連絡がありました。この事務連絡文書は家庭裁判所より弁護士会にも開示されました。

相続財産管理人が理財局との事前協議、必要な書類の収集、現地調査などを経て、物納による国庫納付ができる流れが示唆されています。物納要件が事実上、緩和されたことを示すものとも解されています。

今後、不動産などの財産を換価せず、そのまま国庫引継ぎできるケースが増える可能性はあります。

清算終了確認

すべての公告手続、弁済、特別縁故者に対する相続財産分与など一連の業務が済み、残余財産がある場合、相続財産管理人は立替金や報酬などすべての清算をします。すべての清算が終了し残余した財産は国庫に帰属します。

相続財産管理人は残余財産を国庫に納付するため、国庫納付させるべき金額を確定させます。相続財産管理人は、管理口座を解約し換金して、利息の付かない口座に預け入れたり、換金した現金を小切手にする必要があります。残余財産と納入額に齟齬が出ないように、具体的な国庫納付額を確定させるのです。

そして、相続財産管理人は管理の計算をして清算業務が終了したことや国庫納付額を家庭裁判所に対して報告します（次頁参照）。

国庫納付

相続財産管理人の清算終了報告に基づいて、家庭裁判所も国庫納付の手筈を取ります。家庭裁判所は、相続財産管理人が確定した国庫納付金額に対応する納付書（納入告知書）を発行する例が多いです。

相続財産管理人は納付書に基づいて、小切手を換金、または、利息の付かない口座を解約して納付します。

相続財産管理人の最終報告

相続財産管理人は国庫納付を済ませたら、その旨を家庭裁判所に報告します（次頁参照）。相続財産管理人のすべての業務は終了となります。

【清算終了報告書の例】

令和○年（家）第○号

報　告　書（清算終了）

令和○年○月○日

○○家庭裁判所家事審判官　殿

亡○○相続財産管理人

弁　護　士　　○○　　㊞

頭書の事件について、相続財産管理人としての清算業務が終了しましたので管理事務経過一覧表の通り報告いたします。国庫帰属させるべき残額は○○円です。

添　　付　　書　　類

1　　財産目録
2　　管理事務経過一覧表
3　　解約済預金通帳（写し）
4　　小切手（写し）

【業務終了報告書の例】

令和○年（家）第○号

報　告　書（管理終了）

令和○年○月○日

○○家庭裁判所家事審判官　殿

亡○○相続財産管理人

弁　護　士　　○○　　㊞

頭書の事件について、当職管理中の相続財産はすべて国庫金に納入しました。よって、管理すべき財産は皆無となりましたので、その旨を報告します。

業務終了事由

相続財産管理人の業務はどのような場合に終了しますか。

相続財産管理人の主な業務終了事由については、次の通りです。

- □ 相続財産管理人が相続債権者および受遺者に対する弁済（配当弁済）をして相続財産がなくなった場合
- □ 相続財産管理人が相続人に相続財産を引き継いだ場合
- □ 相続財産管理人が特別縁故者に対する相続財産分与をして相続財産がなくなった場合
- □ 相続財産管理人が相続財産を国庫に引き継いだ場合

相続財産管理人は、すべての業務が終了したことを家庭裁判所に報告します（前頁参照）。

相続人が発見されて相続人に引き継ぐ場合には、家庭裁判所は相続財産管理人の選任処分を取り消します。そのほかの場合には、相続財産管理人の業務終了報告をもって相続財産管理人の業務は終了となります。

☑ 債権者らに対する弁済をして相続財産がなくなったとき。

☑ 相続人が現れて相続財産を引き継いだとき。

☑ 特別縁故者に対する財産分与を実施して相続財産がなくなったとき。

☑ 相続財産を国庫に引き継いだとき。

辞　任

留学が決まったので弁護士登録を抹消しようと思います。相続財産管理人を辞任することはできますか。

上申書の作成提出

相続財産管理人業務は長期化することも多いです。相続財産管理人が弁護士業を廃業する、遠方に転籍する、休業するなど様々な事情から業務継続が困難となることも考えられます。

相続財産管理人の辞任に関する条文はありません。

家庭裁判所には相続財産管理人の改任権（家事事件手続法208条、125条1項）があります。

相続財産管理人は改任権の発動を促す上申書を作成して働きかけます。

なお、相続財産管理人の改任権は、成年後見人の改任権の条文を準用しています。

> 【家事事件手続法 125 条（管理者の改任等）】
> 1　家庭裁判所は、いつでも、第三者が成年被後見人に与えた財産の管理に関する処分の審判事件において選任した管理者を改任することができる。
> 2（以下省略）

改任の審判

上申書を踏まえて家庭裁判所が職権発動して改任の審判をします。

- ☑ 辞任に関する条文はありません。
- ☑ 相続財産管理人は家庭裁判所に対し、改任権発動を促す上申書を作成提出することで、改任されることがあります。
- ☑ 相続財産管理人が改任されると、その旨の公告がなされます。

業務継続が困難だと述べる者に業務を強いる理由も乏しいので改任されることが多いです。改任された場合、その旨の公告がなされます。

また、新しく相続財産管理人が就任しますから、新しい相続財産管理人にこれまでの業務を引き継ぎます。後任については、知合いや同僚の弁護士などを候補者に立てるのもよいでしょう。候補者が選任されることも多いようです。

改任（辞任）に際し、相続財産管理人は事前に利害関係人に対して改任(辞任)の予告をしておいたほうがよいケースもあると思います。また改任後には後任者と相談のうえ、必要な対応をします。円滑な引継ぎができるように工夫すべきです。

【改任の公告例】

相続財産管理人の改任

次の被相続人について、その相続財産の管理人を次の通り改任した。

令和○年（家）第○号

申立人　職権

本籍○○、最後の住所○○、死亡の場所○○、死亡年月日○○、出生場所○○、生年月日○○、職業○○

被相続人○○

事務所○○

改任前の相続財産管理人　弁護士○○

事務所○○

改任後の相続財産管理人　弁護士○○

○○家庭裁判所

2

不在者財産管理人の実務とノウハウ

不在者財産管理人は、相続財産管理人と似ている部分も多いです。
相続財産管理人における業務を参考にしながら業務遂行も可能です。
他方、相続財産管理人と不在者財産管理人には相違点も多くあります。
本章では、不在者財産管理人業務の特徴を意識しながら、
実務的な事件処理のノウハウをまとめました。

不在者財産管理人（民法25条１項）の概要

不在者財産管理人の概要について、まず教えてください。

不在者財産管理人の種類

不在者のために財産を管理する者は、不在者本人が任意で選任する管理人や親権者などの法定代理人も考えられます。

弁護士が関与することが多いのは、不在者のために利害関係人の請求に基づき家庭裁判所が選任する不在者財産管理人です（民法25条１項）。本書では不在者財産管理人（民法25条１項）について整理しています。

不在者財産管理人（民法25条１項）とは

従来の住所または居所を去った者（不在者）が、自身の財産の管理人を置かなかった場合や不在中に管理人の権限が消滅した場合に利害関係人の申立てにより家庭裁判所に選任される者です。

不在者財産管理人の業務は、家庭裁判所の監督下で不在者の財産を管理することです。不在者の権利を保護して利害関係人らとの権利の衝突を調整する役割も果たします。

不在者財産管理人として選任された弁護士は、不在者の代理人として活動することになります。

☑ 不在者が管理人を置かなかった場合、不在中に管理人の権限が消滅した場合に家庭裁判所に選任されます。

☑ 不在者の代理人として選任され、家庭裁判所の監督下で不在者財産の管理業務に従事します。

☑ 公告の手続きはありません。

【民法25条（不在者の財産の管理）】

1　従来の住所又は居所を去った者（以下「不在者」という。）がその財産の管理人（以下この節において単に「管理人」という。）を置かなかったときは、家庭裁判所は、利害関係人又は検察官の請求により、その財産の管理について必要な処分を命ずることができる。本人の不在中に管理人の権限が消滅したときも、同様とする。

2　（省略）

不在者財産管理人の特徴

相続財産管理人との類似点

相続財産管理人と不在者財産管理人とは、家庭裁判所の監督下で他人の財産を一定の裁量をもって管理する点で類似します。また、財産管理行為や権限外行為許可を得て処分する方法についても、相続財産管理人の業務と基本的には同様です。条文上も、相続財産管理人の規定は、不在者財産管理人の規定を準用しています（民法953条は民法27条から29条を準用しています）。

公平中立的な立場で、法律家としての知見を活かしつつ、家庭裁判所の理解を得ながら自らの判断で業務を遂行します。相続財産管理人も不在者財産管理人も業務終了時期は個々の事案により様々ですが、その業務が長期化する例も多いです。

相続財産管理人との相違点

不在者財産管理人業務は、相続財産管理人制度のように公告に沿った手続き、特別縁故者に対する相続財産分与手続、国庫納付などの手続きはありません。相続財産管理人は制度上、相続人の捜索や相続財産の清算業務も含まれていますが、不在者財産管理人にはこれにあたる法定の業務はありません。

不在者財産管理人は、あくまで不在者の財産管理業務が中心で、いずれ帰来するだろう不在者のための業務となります。実務的には選任申立人と利害が対立することも多く、不在者を取り巻く他人との権利衝突の調整役としての業務も期待されています。

【相続財産管理人業務と不在者財産管理人業務の相違点】

<table>
<tr><th></th><th>相続財産管理人業務</th><th>不在者財産管理人業務</th></tr>
<tr><td>根拠条文</td><td>民法952条１項</td><td>民法25条１項</td></tr>
<tr><td>選任されるケース</td><td>相続人の不存在</td><td>ある人の不在</td></tr>
<tr><td>財産管理人の立場</td><td>相続財産法人の代表者</td><td>不在者の代理人</td></tr>
<tr><td>選任される者</td><td>（第三者）弁護士など</td><td>個別事案による</td></tr>
<tr><td>家庭裁判所の監督</td><td colspan="2">有</td></tr>
<tr><td>財産管理人の権限</td><td colspan="2">保存行為等</td></tr>
<tr><td>財産処分</td><td colspan="2">権限外行為許可申立が必要</td></tr>
<tr><td>清算業務</td><td>予定</td><td>予定されない</td></tr>
<tr><td>公告手続</td><td>有（２～３回）</td><td>無</td></tr>
<tr><td>任　　期</td><td colspan="2">個別事案による
長期化傾向</td></tr>
<tr><td>主たる終了事由</td><td>・配当弁済
・相続人に対する引継ぎ
・特別縁故者に対する引継ぎ
・国庫納付</td><td>・不在者本人に対する引継ぎ
・管理財産の消滅
・不在者の相続人に対する引継ぎ</td></tr>
<tr><td>報　　酬</td><td colspan="2">報酬付与申立</td></tr>
<tr><td>辞　　任</td><td colspan="2">辞任の規定なし
改任の職権発動を促す</td></tr>
</table>

不在者財産管理人が選任されるケース

従来の住所または居所を去った者（不在者）が、自身の財産の管理人を置かなかった場合、本人の不在中に管理人の権限が消滅した場合に、利害関係人の請求により家庭裁判所が選任します（民法25条１項）。

不在者の財産管理のために選任されますが、利害関係人たる申立人において明確な意図を持っているケースが多いです。

遺産分割目的

実務上、最も多いのが、被相続人の共同相続人の１名が不在であり遺産分割協議ができないため、共同相続人が不在者財産管理人の選任申立をする事案です。相続人の１人が行方不明であり、遺産分割協議が進まないという例です。

不在者財産管理人は遺産分割協議に参加して、必要に応じて協議を進めることが考えられます。

【共同相続人の１人と連絡が取れないケース】

弁護士が関与する相続業務の中で、行方がわからない共同相続人がいて不在者財産管理人の選任が必要になる例も一定数あります。

また、共同相続人の１人が住所地に住んでいることは明らかであるのに没交渉となってしまっているケースもあります。

この場合、共同相続人の行方はわかっていますので、不在者財産管理人選任の問題とはなりません。

遺産分割調停を申し立てるなどして当該共同相続人の意向を見極めます。調停を経ても没交渉の場合、付郵便送達などの方法を取って遺産分割審判を出してもらうことが考えられます。

財産管理目的

空き家問題解消を目的として、不在者財産管理人制度を積極的に活用する動きも認められます。この場合、管理されていない不動産の存在を前提として、地方公共団体の長による申立ての例もあります。

また、不在者名義の保険契約の満期保険金を換価しておきたいなどの不在者の財産管理のために申し立てられる例もあります。

債権回収目的

債権回収の手段として債権者の申立ても考えられます。

ただし、不在者財産管理人の業務は基本的には清算業務は予定していませんので、債権回収の手段としては不十分ともいえます。また、債権回収の手段としては、不在者に対する公示送達による裁判手続を利用する方法も考えられます。

ゆえに債権回収目的の不在者財産管理人の選任数はあまり多くはないようです。

選任までのプロセス

不在者財産管理人はどのようにして選任されるのでしょうか。

不在者財産管理人選任の流れ

利害関係人の請求（申立て）に基づいて、家庭裁判所が審理して、家庭裁判所が適当と考える不在者財産管理人を選任します。

弁護士の業務としては、利害関係人（申立人）代理として不在者財産管理人選任申立をすること、申立人推薦の不在者財産管理人の選任候補者となること、不在者財産管理人に選任されることが考えられます。また、不在者財産管理人と交渉や契約をする相手方当事者の代理人となることも考えられます。

- ☑ 不在者財産管理の必要性がある場合に、利害関係人が不在者財産管理人の選任申立をします。
- ☑ 家庭裁判所が申立てを審理して、一定の基準に従い不在者財産管理人を選任します。

【不在者財産管理人の選任の流れ】

① 利害関係人による家庭裁判所に対する不在者財産管理人選任申立

↓

② 家庭裁判所における不在者財産管理人選任の審理

↓

③ 不在者財産管理人の選定、打診、内諾

↓

④ 不在者財産管理人の選任審判

不在者財産管理人選任の申立て

利害関係人が、不在者に財産があることを前提に不在者財産管理人選任申立をします。管轄裁判所は不在者の従来の住所地となります。

申立適格

選任申立人は「利害関係人または検察官」でなければなりません。

実務上、検察官が申し立てることは少なく、利害関係人として、次のような者が多く占めていると考えられます。

- □ 不在者の親族（共同相続人など）
- □ 不在者の債権者、債務者
- □ 地方公共団体の長　など

選任申立人は不在者と利害関係があることを示す証拠書類を添付する必要があります。

遺産分割目的の事案であれば、相続関係を示す戸籍類や相続財産を示す書類です。そして、選任申立人は不在者財産管理人の業務負担の軽減（ひいては予納金の軽減）のため、不在者以外の共同相続人の意向は取りまとめておくとよいでしょう。

利害関係の内容が、不在者財産管理人の主たる業務内容に影響を与えることが多いです。

不在の事実があること

ある人が従来の住所または居所を去って不在となっていることが前提となります。不在である事情は個々の事案において様々です。

次のような証拠で、従来の住所または居所を去って不在であることを示します。

- □ 住民票（本人が消除されたもの）
- □ 宛所なしで返送された封書
- □ 住所地の現地調査結果、写真
- □ 親族、近所などの聞き取り結果
- □ 行方不明者届受理に関する書類　　　など

【住所地調査】

民事裁判実務においても、公示送達（民事訴訟法110条以下）や付郵便送達（民事訴訟法107条）のために、住所地調査をすることがあります。不在者の住所地調査も類似の要領で行います。

住所地を確認し、建物の有無や外観（表札、郵便ポスト、人の居住の有無）などを調査します。居住者や近所の人などに聞き込みをしたり、管理会社などの連絡先を把握して聞き込みをしたりします。

実際に住所地訪問をして本人や本人と密接に関わる者と会えることもあります。本人宛の手紙を持参して渡せるようにして訪問することも考えられます。

【行方不明者届受理証明】

通常、不在者が住んでいた管轄の警察署に行方不明者届を提出します。

警察署にて手続きを取ると、行方不明者届が受理されたことを示す書類を発行してくれます。行方不明者届は番号で管理されています。

不在者の財産

選任申立人は把握している不在者の財産を財産目録に記載し、裏付け書類をもって示します。

不在者が相続人となる未分割の相続財産があれば、これも整理します。

- □ 不在者固有の財産
- □ 不在者を相続人とする未分割の相続財産

申立書の提出

選任申立人は不在者財産管理人の候補者を立てて申立てをするケースも多いです。この場合、候補者の住民票などを添付する必要があります。

選任申立人は、申立書や財産目録のほか、次のような添付書類を準備します。

- □ 不在者の戸籍謄本、戸籍附票
- □ 利害関係を示す書類
- □ 不在の事実を示す書類
- □ 財産にまつわる書類
- □ 不在者財産管理人候補者に関する書類

家庭裁判所における審理

審　理

家庭裁判所において審理のうえ、認容の心証が得られると具体的な選任手続に進みます。

予 納 金

予納金については、家庭裁判所が決めます。

事案の内容に応じて決めますが、職務が限定的であることから、相続財産管理人の場合と比較して低額となる傾向があります。50万円前後が目安ともいわれます。特に、当初から帰来時弁済型の遺産分割協議が予測され、業務が限定的な事案であれば、予納金はさらに少なくなることも考えられます。

また、選任申立人の推薦する候補者との関係で、報酬の担保が不要となる事情があれば、予納金が不要となるような運用も考えられます。

選任適格

家庭裁判所が適任と考える者を選任しますが、その多くは弁護士が就任しています。親族が選任されるケースも考えられます。

不在者財産管理人は家庭裁判所の監督下に置かれつつ、公平中立な立場での業務遂行が必要です。弁護士が選任されたならば、法律家としての知見を活かした業務が期待されていると考えられます。

選任申立人の推薦する候補者

不在者財産管理人が選任される場合、選任申立人の推薦する候補者が選任されるケースも一定数あります。この場合、選任申立人の意向に応じて、内諾している候補者が選任されます。

相続財産管理人の場合と異なり、選任申立人の推薦する候補者が選任される例があるのは、不在者財産管理人の業務内容が、清算業務まで予定されず、管理業務に限定されることが理由の１つと考えられます。

選任申立人は推薦する候補者との間で、候補者の報酬について調整することで、申立ての際の予納金が不要となる例もあり、柔軟な運用もなされています。

もちろん、予測される業務内容からして選任申立人の推薦する候補者では不適切なケースや選任申立人が推薦する者がいないケースでは、相続財産管理人と同様に第三者たる専門家が選任されています。

選任の内諾

選任申立人推薦の候補者である場合には、選任申立時に内諾を与えている例が多いと思います。

第三者たる専門家（弁護士）が選任されるケースでは、候補者として打診を受ける際には家庭裁判所（あるいは弁護士会）から事前に打診があります。事案の概要を聴取し、利益相反をチェックして就任可能であれば受諾（内諾）します。

【就任時のチェック事項】

□ 不在者の情報（従来の住所、氏名、生年月日など）

□ 選任申立人の情報（住所、氏名など）

□ 選任申立人の主張する内容、概要、利害関係

不在者財産管理人の選任

家庭裁判所は、不在者財産管理人選任の申立てを相当と認めた場合には、内諾した弁護士を不在者財産管理人として正式に決定する審判をします（次頁参照）。

相続財産管理人の場合のような選任公告の手続きはありません。

【選任審判書の例】

令和○年（家）第○○号

審　判

住　所　　○○

申立人　　○○

本　籍　　　　　○○

従来の住所地　　○○

不在者　　　　　○○

平成○○年○○月○○日生

上記申立人からの不在者財産管理人選任申立事件について、当裁判所はその申立てを相当と認め、次の通り審判する。

主　文

1　不在者○○の不在者財産管理人として

事務所　　○○　　　○○法律事務所

弁護士　○○

を選任する。

2　手続費用は申立人の負担とする。

令和○年○月○日

○○家庭裁判所

裁判官　○○

これは謄本である

前同日同庁

裁判所書記官　○○　　㊞

受任後の業務と流れ

不在者財産管理人に選任されたらまず何をしたらよいのでしょうか。

不在者財産管理人の業務の流れ

不在者財産管理人は、不在者の財産を整理して管理しつつ、不在者の権利と衝突する利害関係人との関係を整理するなどして、不在者財産管理人選任の取消事由が発生するまで業務を継続します。

相続財産管理人とは異なり、選任公告の手続きはありません。

不在者のために管理業務を遂行します。管理業務の方法は、基本的には相続財産管理人業務と類似しますが、その立場や役割の違いに留意しながら業務を遂行します。

【不在者財産管理人業務の流れ】　数カ月～数年

① 不在者財産管理人選任の審判

↓

② 不在者財産の調査、管理、家庭裁判所に対する定期報告

↓

③ 不在者財産管理人選任取消事由の発生、選任処分の取消し

☑ 不在者財産の内容、申立ての背景事情の把握に努めます。

不在者財産管理人の受任時の業務

不在者財産管理人として選任されて選任審判書を受領すると、まず管理報告書、財産目録を作成して家庭裁判所に提出しなければなりません。選任後１カ月から２カ月程度を提出期限とされる例が多いです。

不在者財産管理人に選任されたならば、不在者の財産内容を把握するため、調査を進めます。不在にまつわる事情も把握するように努めます。

申立書類の精査

申立書

不在者財産管理人は、申立書、添付資料、証拠書類を家庭裁判所において閲覧謄写するほか、選任申立人から写しを送付してもらいます。

不在者や選任申立人の情報、申立ての実情を確認します。選任申立人（代理人）の連絡先、選任申立人と不在者の関係、不在の経緯、不在者の財産内容など選任申立人の主張を確認します。

利害関係に関する証拠

利害関係の内容や程度を確認します。利害関係の内容が不在者財産管理人の業務に影響することも多いです。

共同相続人による遺産分割目的の選任申立であれば、相続人であることを示す戸籍謄本類などの証拠も考えられます。共同相続人が多数いる場合、不在者以外の共同相続人の意向が整理されているのか否かも確認しておきます。

不在の事実に関する証拠

不在を示す書類は様々ですので裏付け書類を確認します。帰来する可能性の有無や程度、生存の可能性の有無や程度を確認します。

各証拠は、それぞれ不在と判断した人によっても、内容によっても、証拠価値が異なります。

たとえば、住民票（消除されたもの）であれば、地方自治体が実態調査して当該住所に本人がいないことを認めたもの、宛所なしで返送された封書であれば、郵便局が当該住所に本人がいないと認めたものと考えられます。

現地調査報告書、写真であれば、現地調査報告者の判断として、不在だと結論付けた報告書だと考えられます。親族や近所の人から聴取した内容の報告書、捜索願受理に関する書類であれば、その者が不在と判断した結果や行動だと考えられます。

財産にまつわる書類

まず、固有の財産の有無を確認します。不在者の財産がほとんど判明していない事案もありますが、不在者の財産を管理する以上、これを把握することは重要です。

共同相続人による遺産分割目的の申立ての場合、相続財産の内容、現在の状況も確認します。

【郵便物の返送理由】

郵便物送付による不在者に対する調査には、まずは引受けから配達までを記録する書留郵便などで送付すべきです。郵便物を送付して返送されてしまう場合、郵便物にその理由が記載されることが通例です。その意味を確認します。

なお、普通郵便を送付しても、様々な理由で返送されてしまうこともありますが、普通郵便の場合、郵便受けがあれば人の居住の有無にかかわらず配達されることがあります。

□ 「あて所に尋ねあたりません」「あて所無し」「転居先不明」など

あて先に受取人が居住していないと判断されて、返送されたことを指します。他人が居住していたり、人の居住が窺えなかったり、郵便受けが見当たらなかったりしたことが考えられます。

その人の不在を示す証拠の１つとなります。

□ 「保管期間経過のため返還」など

受取人が在宅しておらず郵便局で保管していた郵便物を受取人が受領しなかったことを指します。単純に受取人が受領しなかったことが考えられるため、「保管期間経過のため返還」では、住所地に居住している可能性があります。それだけでは不在を示す証拠としては不十分です。

そのほかの事情から不在の可能性があるのであれば、現地調査をするなどして確認すべきです。

□ 「あて所不完全」「受取拒否」など

「あて所不完全」であれば、あて先の住所が不完全な記載と考えられます。再調査して、もう一度、送付すべきです。

「受取拒否」であれば、受取人が拒絶したことが考えられますので、不在とは認められません。

関係者に対する調査

選任申立人からの聴取

選任申立人と面談して情報収集に努めます。選任申立人が不在者の財産を保管していれば引継ぎを受けます。

不在者財産管理人選任申立事件の多くの場合、選任申立人なりの意図（遺産分割目的など）をもって申し立てられています。選任申立人は、不在者に代わって不在者財産管理人に一定の管理や処分を期待していることが多いですから、選任申立人の意向を把握しておきます。

ただし、選任申立人の保有する情報はすべてではありませんし、選任申立人の意向と不在者の意向は一致するとは限りません。むしろ不在者財産管理人は不在者のために行動する者であり、選任申立人と利害が対立することも多いですから気を付けるべきです。

不在者の親族、利害関係人からの聴取

不在者の親族や利害関係人にも面談して情報収集をします。

選任申立人が不在者固有の財産についてあまり把握していないケースもあります。不在者財産管理人は、選任申立人以外の親族や利害関係人に対しても不在者の財産内容や所在について調査すべきです。

選任申立人以外の者に連絡を取る場合には、立場を明確にしたうえで、手紙を発送する必要もあるでしょう。

財産自体に対する調査

不在者財産管理人は、選任申立人や利害関係人から得た情報をもとに具体的な財産内容を調査します。

ただし、不在者の情報が乏しく調査すべき財産の把握ができないこ

ともあります。不在者の固有の財産がほとんど判明しないこともあります。不在者の居住していた物件がわからず物件調査ができないケースも多いです。

他方で、親族が事実上、不在者の財産を管理しており、対象財産が明確なケースもあります。不在者の居住していた物件には同居の家族がいる例もあります。この場合には、事実上の保管者から財産を引き継ぎ、その内容をきっかけとした調査をします。

不在者財産管理人が具体的に財産調査をする場合には、不在者財産管理人の選任審判書謄本を入手したり、不在者財産管理人であることの証明書を入手して使用します。また、不在者財産管理人において家庭裁判所に対して印鑑届を提出して、使用印鑑証明書を発行してもらうこともできます。この点については、相続財産管理人に選任された場合と同様です（40頁参照）。

不在者財産管理

不在者財産管理人の財産管理において特殊な点はありますか。

不在者財産管理人の権限

不在者財産管理人は、民法103条に定める行為についての権限があります（民法28条）。いわゆる保存行為、物または権利の性質を変えない範囲内における利用行為や改良行為が権限となり、この権限を超える行為を必要とするときには家庭裁判所の許可を得ます。

不在者財産管理人の場合には、清算業務は予定されていません。不在者財産管理人は定められた権限内での管理行為が中心となります。

【民法 28 条（管理人の権限）】

管理人は、第 103 条に規定する権限を超える行為を必要とするときは、家庭裁判所の許可を得て、その行為をすることができる。不在者の生死が明らかでない場合において、その管理人が不在者が定めた権限を超える行為を必要とするときも、同様とする。

【民法 103 条（権限の定めのない代理人の権限）】

権限の定めのない代理人は、次に掲げる行為のみをする権限を有する。

① 保存行為

② 代理の目的である物又は権利の性質を変えない範囲内において、その利用又は改良を目的とする行為

☑ 相続財産管理人の場合と基本的には類似します。ただし、不在者の生存可能性や帰来可能性の有無や程度を把握しながら、その実情に合わせた管理をします。

管理の費用

不在者の財産管理にかかる費用は不在者財産から支出できます。流動財産が乏しいケースでは不在者財産管理人が立て替えて支払います。

不在者の財産が確保できない場合には、最終的には予納金で清算されます。

【管理費用の参考例】

管理事務経過一覧表や帳簿をつけて管理します。不在者財産管理人の判断で合理的な費用を計上します。不在者財産管理人が支出することになる管理費用の例を示します。

1　不在者財産調査にかかる費用

照会のための手数料、郵送費、交通費、印鑑証明書発行手数料

2　財産目録作成にかかる費用

残高証明書発行手数料、登記事項証明書の取得費用

3　不在者財産管理にかかる費用

債務の支払い、修繕費や管理費の支払い

4　不在者財産管理人報酬

管理方針の策定

財産管理方針の検討

不在者財産管理人は善管注意義務を負います（家事事件手続法146条6項、民法644条）ので、漫然と財産を管理すればよいわけではありません。そのほか委任の規定が準用されています。

不在者財産管理人は利害関係人から財産を引き継ぎ、また、自ら発見した財産について責任をもって管理する以上、管理方針を策定することは重要です。不在者の財産を毀損したり、不当に評価を落とさぬよう注意します。

不在者財産管理人は、基本的には不在者本人に財産を引き継ぐことを視野に入れながら管理方針を策定します。帰来可能性が高ければなおさらです。

なお、財産をそのまま管理するのではなく処分して管理することも考えられますが、清算が予定されている相続財産管理人の場合と異なり、処分する必要性は一般的には高くありません。それでも処分を必要とする場合には権限外行為許可申立が必要となります。処分の必要性と相当性を十二分に把握したうえで申し立てるようにします。

不在者財産管理人に選任された後、不在者の財産内容を把握したならば、早めに管理方針を立てて家庭裁判所に報告します。

不在者財産管理人の申立目的や財産内容の把握

不在者財産管理人が選任された目的や財産内容によっては、財産を処分する必要性が高い場合もあります。

たとえば、共同相続人による遺産分割目的の選任の場合、未分割の相続財産をそのままにしておくことは望ましい状態ではありません。遺産分割協議を成立させたり、共同で換価したりすることも視野に入れつつ管理方針を立てます。

また、空き家問題解消目的の選任の場合、空き家の老朽化が進んでいることも考えられます。不在者財産管理人は、空き家の修繕、解体、処分をすることも考えられます。ただし、不在者の権利をおろそかにしないように管理していきます。

【空き家対策特別措置法】

平成27年に空き家対策特別措置法（空家等対策の推進に関する特別措置法）が施行となりました。この法律で「空家等」を「建築物又はこれに附属する工作物であって居住その他の使用がなされていないことが常態であるもの及びその敷地（立木その他の土地に定着する物を含む。）」と定義しています。

その中でも、そのまま放置すれば倒壊等の著しく保安上の危険となる恐れのある状態、著しく衛生上有害となる恐れのある状態、適切な管理が行われていないことにより著しく景観を損なっている状態、その他周辺の生活環境の保全を図るために放置することが不適切である状態にある空家等を「特定空家等」と定義しています。

空き家の管理処分権限は所有者にあるところ、自治体であっても特別な関与ができないことが原則です。本法律により、自治体が必要な調査をして適切な管理を促進し、特定空家等に対しては除却、修繕などの措置の助言、指導、勧告、命令をすることが可能になっています。

各自治体は、空き家対策特別措置法の利用を進めています。不在者の財産が「特定空家等」に指定されることも考えられます。不在者財産管理人は不在者の財産を注視しながら管理します。

不在者財産管理人による家庭裁判所に対する報告

不在者財産管理人は、財産目録や管理報告書（次頁参照）を作成して、管理状況を家庭裁判所に報告しなければなりません（民法27条1項）。不在者財産管理人は管理事務経過一覧表をつけるようにして日々の管理業務を記載します。

実務上、選任から一定の期間（1カ月から2カ月程度）内に、財産目録と最初の管理報告書（管理事務経過一覧表）の提出を求められることが多いです。

また、不在者財産管理人は家庭裁判所に対して財産の変動があるごとに管理報告書、財産目録、管理事務経過一覧表を提出します。そして、財産内容の変動がなくても年1回以上の報告をするようにします。

管理にかかる費用は管理帳簿をつけて、いつでも管理報告ができるようにしておきます。

この点は相続財産管理人の業務と類似します。

【民法27条（管理人の職務）】
1　前二条の規定により家庭裁判所が選任した管理人は、その管理すべき財産の目録を作成しなければならない。この場合において、その費用は、不在者の財産の中から支弁する。
2　（以下省略）

【管理報告書の例】

管　理　報　告　書

○○家庭裁判所　裁判官殿

令和○年○月○日

不在者財産管理人

住所○○

氏名○○　㊞

○○家庭裁判所　令和○年（家）第○○号不在者財産管理人選任事件の財産管理状況を下記の通り報告します。

1　管理期間

令和　年　月　日（選任時・前回報告時）から

令和　年　月　日（今回報告時）まで

2　管理財産の内容等

財産目録の通り。

3　管理事務の経過

管理事務経過一覧表の通り。

添付書類

・財産目録

・管理事務経過一覧表

不在者の財産別管理方法

不在者の財産管理のコツを教えてください。

不在者財産管理人の基本的な業務は、不在者の財産管理です。管理の方法は基本的には相続財産管理人の場合と類似しますが、必ずしも一致しません。不在者財産管理人特有の管理も必要です。

不動産の管理

不在者財産管理人は不在者の代理人であり、新しい人格は発生しませんので登記名義の変更は不要ですし、登記はできません。

また、不在者財産管理人業務では基本的には清算は予定していませんので、管理維持することを中心に検討します。

万が一の場合に備えて火災保険を付したり、固定資産税の納付書の送付先の変更をして固定資産税の支払いを管理します。不動産の修繕が必要であれば対応します。

賃借物件であれば賃料の支払いをします。賃貸物件であれば賃料の回収など合理的な措置を取ります。

賃貸借契約の解除は不在者財産管理の権限の範囲内ですから、実情に合わせて対応します。

動産類の管理

選任時の保管状況を確認して、保管状況が適切であれば、そのまま

☑ 不在者財産の性質、不在者財産を取り巻く状況、不在者の生存可能性、帰来可能性に応じた管理をします。

の状態で保管することも考えられます。たとえば、貸金庫内に保管されている動産については、その内容を確認して貸金庫契約を維持することも考えられます。

また、不在者のために不在者財産管理人において直接保管することも検討します。

預貯金の管理

預貯金については、「不在者○○不在者財産管理人○○」名義に変更し、管理を明確化します。また、管理の合理性から預貯金を１つに集約することも考えられます。

預貯金については、不在者が使用していて入出金の動きが認められることも考えられます。この場合には解約集約しないという判断も考えられます。不在者の生存可能性、帰来可能性を把握しながら対応することも重要です。

【実例として】

不在者財産管理人に就任して各種調査をしたところ、不在者の所在は不明であるものの、発見された預貯金については入出金が認められ、不在者が生存している可能性が判明しました。そこで、不在者の預貯金については、すぐに解約集約することはせず、しばらく様子を見ることとしました。

この事案では、結局、預貯金の入出金履歴から不在者の居住地域が特定できたこともあり、親族らの協力もあって最終的には不在者と面会することができて、不在者財産管理人の業務は終了となりました。

有価証券、債権、保険契約の管理

不在者財産管理人に選任された旨を通知し、連絡先の変更をします。

債権については回収するように努めます。保険金についても請求可能なものは手続きを取り回収するようにします。債権や保険金の請求には、不在者財産管理人であることを示す書類や印鑑証明書が必要になることが多いです。

回収した金員は「不在者○○不在者財産管理人○○」名義の預貯金口座で管理します。

債務の管理

債務の履行は保存行為となります。不在者財産管理人は必要な弁済をして債務の管理をします。

ただし、内容に争いがある債務、内容が定まっていない債務の支払いについては、安易に支払わないようにします。債権者と交渉して調整し、別途、権限外行為許可申立をするようにします。権限外行為許可審判が出たならば、審判に沿って債務の管理をします。

不在者本人の所在の把握

不在者管理人は、不在者本人の所在をどの程度、調査すべきでしょうか。

不在者のための不在者財産管理人

不在者の帰来可能性については、選任申立人や利害関係人らの意見に基づいて、把握しておきます。また、不在者本人の所在が窺えるのであれば、把握するように努めるべきです。

不在者財産管理人は、不在者が帰来した場合に引き継ぐことができるように財産を管理します。

不在者の所在や生存が判明する場合

不在者財産管理人として財産の調査を進めていると、不在者の所在が判明したり、生存が窺える事情が判明したりすることもあります。

たとえば、不在者の通帳において入出金が認められたり、年金や生活保護などの公的給付の受給が確認できたりして所在や生存が窺えるケースもあります。また、不在者の住民票を入手してみたら、転居となり新しい住所が判明することもあります。

これらの場合、不在者の所在が判明する可能性が高いと考えられます。不在者財産管理人は、不在者本人に管理している財産を引き渡すことを検討します。不在者本人との接触を試みて現在の状況を伝えます。

最終的には、面会して身分証を確認したり、印鑑証明書付きの受領

- ☑ 不在者本人の所在が窺えるのであれば把握するように努めるべきです。
- ☑ 不在者本人の所在が判明したならば、不在者本人に財産を引き継ぎます。

書を作成してもらうなどして、不在者本人に財産を引き継ぎます。

この場合、不在者財産管理人は、適宜、家庭裁判所に状況を報告します。

【実例として】

近時、シェアハウスが増加しており、シェアハウスに住民票を置いているケースも多いです。シェアハウスの形態も様々です。郵便物も届くケース、届かないケースがあります。

実例として、不在者宛の郵便物は「宛所なし」で返送されてしまうのですが、現地調査をしてみると当該住所地がシェアハウスであったことが判明したのです。聞き取り調査を進めた結果、不在者本人がシェアハウス内に居住していることが判明し、不在者財産管理人の選任処分が取り消された例がありました。

不在者の所在や生死が判明しない場合

所在や生存が判明しないこともありますが、不在者財産管理人はあくまで不在者の財産管理を継続します。

不在者の生死が明らかでない状態が永続しているのであれば、その期間によっては、推定相続人の理解を得ながら失踪宣告申立を検討します。

不在者財産の処分

不在者財産管理人が不在者財産を処分する場合の注意点はありますか。

不在者財産の処分の必要性、相当性

不在者財産管理人業務の基本は保存行為を中心とする管理業務となります。

不在者財産管理人は積極的に不在者の財産を処分することはありませんが、必要な場合には権限外行為許可の申立てをして許可審判を得て実施します。

ただし、不在者財産管理人の業務は財産の清算までは予定されていませんので、処分する必要性が強い場合に限定されます。不在者の帰来が差し迫っている場合には、あえて処分する必要性は乏しいです。

処分に関する時期の定めはありません。処分する必要性があることを前提に、処分の時期や条件を整理します。財産の性質、不在者の帰来の可能性などを踏まえて検討します。

権限外行為許可申立の例（遺産分割協議）

遺産分割協議の必要性

未分割の財産がそのままであると、権利関係が不明確、不安定な状況となり、共同相続人や利害関係人、ひいては社会経済にとって好ましくありません。

そこで、不在者財産管理人は不在者のためにも遺産分割協議をする

☑ 不在者財産管理人は積極的に不在者財産を処分することはありません。

☑ 必要な場合には、不在者財産管理人は家庭裁判所の許可を得ることで不在者の財産を処分することができます。

必要があります。他の共同相続人の意向も踏まえながら、遺産分割の協議を進めます。

不在者以外の共同相続人の意向が整理されていることもありますが、そうでないケースもあります。遺産分割協議とは相続人全員の合意で被相続人の遺産の分け方を決めることですから、すべての共同相続人と協議します。

協議の方法は、共同相続人間での交渉、家庭裁判所での調停や審判などが考えられます。

不在者に代わって遺産分割協議を成立させることは、それ自体、処分的な行為ですから、権限外行為許可申立が必要となります。不在者財産管理人は、許可審判が出るように事前に調整が必要です。

遺産分割協議の相当性

●法定相続分の遵守

不在者財産管理人が不在者のために遺産分割協議をする場合、不在者の利益を保護するため不利な分割は許されません。民法は法定相続分を定めており、これを下回る分割は原則として許されません（民法900条以下）。

不在者財産管理人は不在者の法定相続分を遵守することを前提に協議を進めます。

●法定相続分の実質的遵守

遺産分割協議内容について、合理的な解決をすることは許されます。むしろ不在者を取り巻く実情、共同相続人の意向、財産内容などに応じて合理的な解決は必要となります。

たとえば、相続財産である不動産について、法定相続分に応じた不動産持分を取得する遺産分割協議も考えられますが、共有持分となるため別の紛争を惹起してしまうことも考えられます。また、管理が困難な財産であれば、代償金による取得、共同換価により現金で取得するほうが合理的と考えられます。

そうすると、相続財産を実質的に評価して分割するほうが合理的な場合も多いのです。ただし、分割内容の適正性を担保するためには遺産を適正に評価する必要があります。複数の査定を取るなどして適正価格の把握に努めます。また、価値が変動する相続財産についても、共同で換価するなど疑義のない分割法を探ります。

なお、他の相続人において、寄与分や特別受益などの主張がなされることも考えられます。これら主張については合理的に加味することは考えられますが、あくまで不在者の権利を確保するようにします。

●帰来時弁済型の遺産分割

実務上、いわゆる帰来時弁済型の遺産分割協議をすることがあります。

帰来時弁済型の遺産分割協議とは、遺産分割協議により不在者が取得する財産について他の共同相続人が保管をし、不在者の帰来時に保管者が不在者（帰来者）に渡すことを約した内容の協議を成立させるものです。

この場合、不在者が取得する財産は、他の共同相続人が保管すると決まるため、不在者財産管理人が保管する財産がなくなり任務終了となることがあります。不在者財産管理人の負担軽減も図れるため、一定程度、運用されています。

実務上、不在者取得分が少額の現金（実務上、数十万円程度以内）である場合に限定されています。長期間の財産管理により不在者財産管理人の報酬が発生することを考えると、少額の財産のため不在者財産管理人業務を継続させる必要性が乏しいからです。ただし、不在者財産管理人の手を離れ、不在者の取得分を他の共同相続人が保管することになるので、不在者にとっては財産散逸のリスクもあるため無限定に認められるわけではありません。

そこで、実務上、不在者の取得分が大きくないことを前提に、保管者の立場や資力を踏まえて、許容されています。

帰来時弁済型の遺産分割協議をする場合、家庭裁判所とも協議しつつ進めていきます。なお、不在者財産管理人選任時に、選任申立人において相続財産や他の相続人の意向も整理され、帰来時弁済型の遺産分割協議を念頭において不在者財産管理人が選任されるケースもあります。

【帰来弁済型　遺産分割条項例】

Aは、不在者○○に対して、遺産のすべてを取得する代償として、金10万円を支払うものとする。

ただし、Aは不在者○○に対して、不在者○○が帰来するまで前記金員を保管し、不在者○○が帰来した場合、速やかに支払うものとする。

遺産分割協議に関する権限外行為許可申立

●申立準備

不在者財産管理人は、事前に不在者の法定相続分を確保し、他の相続人との間で遺産分割協議を成立させる内諾を得ます。

●権限外行為許可申立書の作成、提出

不在者財産管理人は、共同相続人間で調整ができた場合、遺産分割協議（案）を作成します。そして、遺産分割協議を成立させることに関する権限外行為許可申立書を作成し、家庭裁判所に提出します。権

限外行為許可申立書には遺産分割協議案を添付するなどします。

申立ての趣旨には「不在者○○を被相続人○○（令和○年○月○日死亡）の相続人として、別紙遺産分割協議書（案）を内容とする遺産分割協議を成立させることを許可するとの審判を求める」などと記載します。申立ての理由には、法定相続分を遵守している事情などを記します。

そして、不在者が相続人であることを示す戸籍謄本類、遺産内容や遺産の評価がわかる書類、遺産分割協議書（案）などを準備して申し立てます。

なお、不在者財産管理人選任時に、選任申立人がすでに戸籍類を提出している場合には、これら書類を省略することができる場合があります。

●許可審判

家庭裁判所は、不在者財産管理人の申立てを相当と判断したならば許可審判を出します。

●許可審判後の対応

許可審判に基づいて遺産分割協議書に調印して、必要な印鑑証明書などの書類を準備します。不在者財産管理人は必要に応じて許可審判書謄本を入手するようにします(46頁参照)。遺産分割協議書をもって不動産の名義変更、預貯金の換価、代償金の受領などに対応します。

遺産分割協議の結果、不在者が金銭を取得する場合は不在者財産管理人名義の口座において管理します。遺産分割協議により権利関係が変動しますので、不在者財産管理人は家庭裁判所に対して、管理報告書に証拠書類を付して報告をします。

【未登記建物の遺産分割】

未登記の建物であっても、相続財産であれば遺産分割協議の対象となります。通常、取得者が主体となって登記手続を取りますので、不在者が未登記の建物を取得するならば、不在者において登記手続を検討します。

他の相続人が未登記の建物を取得し、不在者が代償金を取得する場合も考えられます。取得者が未登記のまま取得して登記手続を取らないと、遺産分割協議が調ったことが対外的に明確にならず、各相続人宛に固定資産税の請求が来てしまうことも考えられます。

取得者が登記手続をしないと考えられる場合には固定資産税の納税義務者を変更して、取得者に課税されるように措置を取ります。各市町村役場にて未登記建物の家屋課税台帳名義人変更届という書類がありますので、遺産分割協議書を示すなどして手続きを取ることができます。

そうすると翌年より未登記建物の固定資産税の納税義務者が取得者に変更されます。固定資産税の納税義務者が変更されますので、所有権が変更したことも明確になります。

権限外行為許可申立の例
（空き家建物の解体、売却）

空き家問題解消目的で選任されたケースでは、相続財産管理人が空き家建物を解体処分することも考えられます。解体処分するには権限外行為許可申立をして許可審判が出されることが必要です。

しかし、解体処分をすることは一般に相当高額な費用が掛かり、建物も消失するので不在者には基本的にはメリットはありません。不在者財産管理人の職務は、あくまで不在者の財産管理であり、その権限は保存行為を中心とする管理行為に限定されます。不在者財産管理人が空き家建物を安易に解体することはできません。

建物を解体する必要性が強い場合には、売却処分などできる限り不在者の利益を確保する方法や費用の掛からない方法も検討します（権限外行為許可事項）。それでも解体が避けられないような建物であれば、権限外行為許可を得て建物解体をすることも考えられるかもしれません。

権限外行為許可申立の例（債務の支払い）

不在者財産管理人は債務の弁済は保存行為として履行します。

他方、内容の定まっていない債務について安易に支払ってしまうと、不在者財産管理人の責任にも関わりますので慎重に検討すべきで、家庭裁判所の許可を得るようにします。

そこで、不在者財産管理人は、内容の定まっていない債務については、その義務の内容を把握して合理的な内容をベースに債権者と交渉して債務の内容を特定します。債務の内容は様々ですが、養育費、婚姻費用の支払いの場合も考えられます。債権者の主張や証拠に応じて、また、金額算定に必要な資料を収集して、不在者の財産内容を把握しながら合理的な内容とします。

不在者財産管理人は、債務の支払いの必要性とその内容の相当性を検討して、債権者の内諾を得て合意書案文を作成します。そして、合意書案文を付すなどして権限外行為許可の申立てをします（次頁参照）。許可審判が出たならば、合意書を完成させて合意書に従った履行をします。

【権限外行為許可申立書の例】

受付印	家事審判申立書　事件名（不在者財産管理人の権限外行為許可）
	（この欄に申立手数料として1件について800円分の収入印紙を貼ってください。） 印紙 （貼った印紙に押印しないでください。） （注意）登記手数料としての収入印紙を納付する場合は，登記手数料としての収入印紙は貼らずにそのまま提出してください。

収入印紙	円	
予納郵便切手	円	
予納収入印紙	円	

準口頭		関連事件番号　令和　　年（家　　）第　　　号

○○　家庭裁判所 御中 令和　○　年　○　月　○　日	申立人 （又は法定代理人など） の記名押印	甲　野　一　郎　㊞

添付書類	※　必要な添付書類を提出していただきます。

申立人	本籍 （国籍）	（戸籍の添付が必要とされていない申立ての場合は，記入する必要はありません。） 都道 府県
	住所	〒　○○○－○○○○　　電話　○○○（○○○）○○○○ ○○県○○市○○町○丁目○○番○○号 （　　　　方）
	連絡先	〒　　－　　　電話　　（　　） （注：住所で確実に連絡ができるときは記入しないでください。） （　　　　方）
	フリガナ 氏名	コウノ　イチロウ 甲　野　一　郎
		大正 昭和（○で囲む） 平成　○　年　○　月　○　日生 （　○○　歳）
	職業	
※ 不在者	本籍 （国籍）	（戸籍の添付が必要とされていない申立ての場合は，記入する必要はありません。） 都道 府県
	最後の 住所	〒　○○○－○○○○　　電話　（　　） ○○県○○市○○町○丁目○番○号○○コーポ○○○号室 （　　　　方）
	連絡先	〒　　－　　　電話　　（　　） （　　　　方）
	フリガナ 氏名	コウノ　ジロウ 甲　野　二　郎
		大正 昭和（○で囲む） 平成　○　年　○　月　○　日生 （　○○　歳）
	職業	

（注）　太枠の中だけ記入してください。
※の部分は，申立人，法定代理人，成年被後見人となるべき者，不在者，共同相続人，被相続人等の区別を記入してください。

別表第一（1/2）

申　立　て　の　趣　旨
財産管理人である申立人が，不在者甲野二郎所有の別紙物件目録記載の不動産を，○○県○市
町○番○号株式会社○○不動産に対して，別紙売買契約書（案）のとおり売却することを許可す
る旨の審判を求めます。

申　立　て　の　理　由
1　申立人は，不在者甲野二郎の財産管理人です。
2　不在者甲野二郎は，別紙物件目録記載の不動産を所有しているものの，他にめぼしい財産は
なく，公租公課の支払に窮している状態です。また，当該不動産には，現在誰も住んでおらず，
朽ち果てており，賃貸により収益を得ることも期待できません。
3　そこで，別紙物件目録記載の不動産を売却し，公租公課の負担を無くしたいと考えておりま
す。
4　よって，申立ての趣旨のとおりの審判を求めます。

別表第一（ 2 /2 ）

報　酬

不在者財産を処分したため財産がなくなりました。不在者財産管理人の報酬は貰えるのでしょうか。

報酬付与申立

不在者財産管理人の業務終了の目途が立ったならば、不在者財産管理人は立替金を清算して家庭裁判所に対して報酬付与申立をします(民法29条２項)。

不在者財産管理人は、報酬付与申立書を作成して家庭裁判所に提出します（149頁参照)。

申立時期の確認

不在者財産管理人の報酬は後払いです。それまでの業務の対価として、家庭裁判所に報酬付与決定をしてもらいます。

そこで、不在者財産管理人は実質的な業務が終了した時点で申し立てるのが通常です。不在者財産管理人の選任処分の取消しの見込みがたった時点です。

すなわち、不在者の所在が判明し財産の引継ぎができる直前、不在者財産管理人の管理すべき財産がなくなるとき、不在者の死亡（失踪宣告など）が明らかになり相続人に引き継ぐ直前、本人が別の管理人を置いた場合には別の管理者に引き継ぐ直前などになります。

- ☑ 業務終了の目途が立ったら家庭裁判所に対して報酬付与申立をします。
- ☑ 報酬を不在者財産から受け取ることができない場合には、予納金から受領することができます。

報酬の受領

報酬付与決定が出されたら、不在者の財産から報酬を受領します。

予納金から立替金や報酬を受領

不在者財産が乏しいときには予納金（選任申立人が家庭裁判所に予納していた金員）から報酬を受領します。

たとえば、不在者固有の財産が判明しないまま帰来時弁済型の遺産分割協議成立により不在者財産管理人の業務が終了してしまうケースもあります。不在者財産管理人は現実に金銭を受領しないまま、業務が終了してしまうケースもあるのです。

報酬付与決定が出されたら、不在者財産管理人は報酬請求書を作成し家庭裁判所に提出します（次頁参照）。また、不在者財産管理人の立替金すら未精算の場合には管理費用請求書を作成して家庭裁判所に提出します（207頁参照）。

後日、家庭裁判所から不在者財産管理人が指定した口座に報酬が支払われます。比較的速やかに支払われる例が多いと思います。

【家庭裁判所宛の報酬請求書の例】

財産管理人報酬請求書

支給決定

下記の金額を支給する

令和　　年　　月　　日

裁判官

○○家庭裁判所　御中

令和○年（家）○号不在者財産管理人選任事件について、下記の通り、管理人報酬を請求します。

令和○年○月○日

請求金額　○○円

請求者　住所

氏名　　　　　　　　　　　　　　　　㊞

振込先

○○銀行　○○支店　○○預金口座

名義人　○○　　口座番号○○

【家庭裁判所宛の管理費用請求書の例】

管理費用請求書

支給決定

下記の金額を支給する

令和　　年　　月　　日

裁判官

○○家庭裁判所　御中

令和○年（家）○号不在者財産管理人選任事件について、下記の通り、管理に要した費用を請求します。

令和○年○月○日

請求金額　○○円

請求者　住所

氏名　　　　　　　　　　　　　㊞

振込先

○○銀行　○○支店　○○預金口座

名義人　○○　　口座番号○○

業務終了事由

不在者財産管理人の業務はどのような場合に終了しますか。

管理人選任処分の取消し（家事事件手続法147条）

　不在者の所在が判明して自らの財産を管理することができるようになったとき、管理すべき財産がなくなるとき、不在者の死亡（失踪宣告など）が明らかになり財産管理を継続することが相当でないとき、不在者本人が別の管理人を置いたときには、不在者財産管理人業務を継続する必要性がなくなります。

　そこで、不在者財産管理人は、当該事情を示すことで不在者財産管理人の選任の取消しを申し入れます（212頁～参照）。家庭裁判所はその内容を確認して、選任処分の取消しをします。

【家事事件手続法147条（処分の取消し）】
　家庭裁判所は、不在者が財産を管理することができるようになったとき、管理すべき財産がなくなったときその他財産の管理を継続することが相当でなくなったときは、不在者、管理人若しくは利害関係人の申立てにより又は職権で、民法第25条第1項の規定による管理人の選任その他の不在者の財産の管理に関する処分の取消しの審判をしなければならない。

【民法25条（不在者の財産の管理）】
1　（省略）

- ☑ 不在者の所在が判明したとき。
- ☑ 不在者の財産がなくなったとき。
- ☑ 不在者の死亡が明らかとなったとき。
- ☑ 不在者本人が別の管理人を選任したとき。

> 2　前項の規定による命令後、本人が管理人を置いたときは、家庭裁判所は、その管理人、利害関係人又は検察官の請求により、その命令を取り消さなければならない。

選任処分取消事由の発生

不在者の所在が判明して自らの財産を管理することができるようになったとき

不在者の所在が判明した場合、財産の管理は本人の判断に委ねれば足ります。不在者財産管理人は、不在者本人であることを確認して管理の実情を伝えます。不在者財産管理人が管理する財産について、不在者本人の意向を確認したうえで引き継ぎます。

引継ぎに際し、不在者財産管理人は立替金を清算し、報酬付与決定に従って報酬を清算します。不在者財産管理人は管理の計算をして残ったすべての財産を不在者に引き継ぎます。不在者本人に印鑑証明書付きの受領証を作成してもらうことも考えます。

不在者財産管理人は、家庭裁判所に対して、不在者が財産を管理できるようになったことを不在者の身分証、新しい住民票、引き継いだ財産の受領証などもって示して、選任処分の取消しを求めます。

管理すべき財産がなくなったとき

不在者財産管理人が管理すべき財産がなくなった場合には業務が終

了となります。たとえば、帰来時弁済型の遺産分割協議書が成立した場合、建物を解体して消失させた場合など不在者の財産がなくなった場合が考えられます。また、報酬や立替金の清算をもって不在者財産がなくなる場合も考えられます。

不在者財産管理人は、報酬付与申立をして報酬や立替金を確定させ、選任処分の取消しを求めます。

不在者に財産がなければ、報酬や立替金は予納金から清算することも考えられます。

不在者の死亡が明らかになり財産の管理を継続することが相当でなくなったとき

不在者の死亡が判明した場合には、不在者（被相続人）の財産管理については、相続人の判断に委ねられます。不在者財産管理人が業務を継続することは相当ではありません。

不在者財産管理人が管理する財産は相続人に引き継ぎます。不在者財産管理人は、相続人であることを確認して管理の実情を伝えます。不在者財産管理人が管理する財産について、不在者の相続人の意向確認をしたうえで、原則として相続人全員に引き継ぎます。ただし、不在者財産管理人において工夫の余地はあり、すべての相続人において相続人代表者を選定してもらい代表者に引き渡す方法、預金現金だけであればすべての相続人の理解を得て各相続人に対して法定相続分を送金する方法なども考えられます。

相続人が不存在であれば、不在者財産管理人は相続財産管理人選任申立をして選任された相続財産管理人に財産を引き継ぐことも考えられます。

不在者財産管理人は不在者の死亡を確認したならば、その旨を示して家庭裁判所に対して不在者財産管理人選任処分の取消しを求めます。

不在者本人が別の管理人を置いたとき

不在者本人が選任する別の管理人が現れたならば、不在者本人の意向を尊重して別の管理人の判断に委ねます。不在者財産管理人は別の管理人に管理権限があることを確認して、管理する財産を引き継ぎます。不在者財産管理人は、不在者本人が別の管理人を置いたことを示して選任処分取消の申立てをします（民法25条２項）。

ただし、不在者本人が別の管理人を選任するのであれば、実際には不在者本人も帰来した可能性があります。不在者本人に引き継げばよいことが多いものと考えられ、この例は少ないものと考えられます。

【管理報告書の例】

○○家庭裁判所　裁判官殿

令和○年○月○日

不在者○○
財産管理人○○○○　㊞

管理報告書（処分取消）

○○家庭裁判所令和○年（家）第○○号不在者財産管理人選任事件の不在者財産管理につき、下記の通り、処分取消事由が生じたため報告します。

記

1　処分取消事由　　※該当箇所にチェック

□ 不在者の所在が判明し、自ら財産を管理できるようになった。
（不在者の所在：　　　　　　　　　　　　　　　　　　　　）

□ 管理すべき財産がなくなった。

□ 以下の通り、財産の管理をすることが相当でなくなった。

□（1）不在者の死亡が明らかになった。
（死亡日：　　　　　　　　　）

□（2）不在者の失踪宣告の審判が令和　　年　　月　　日確定した。
（　　　家裁　令和　年（家）第　　　号事件）

□（3）その他
（　　　　　　　　　　　　　　　　　　　　　　　　）

2　管理事務の経過
別紙管理事務経過一覧表の通り

3　財産の引継ぎ
引継年月日（令和　　年　　月　　日）
引継ぎの相手方　（氏名　　　　　　　　）
引き継いだ財産　（　　　　　　　　円）

4　添付書類　※該当箇所にチェック

□ 不在者本人の住民票の写し

□ 解約した管理通帳のコピー

□ 受領証のコピー

□ その他（　　　　　　　　　　　　　　　　　　）

以上

【選任処分取消申立書の例】

令和○年（家）第○○号

令和○年○月 ○日

不在者の財産等の管理に関する処分の取消申立

○○家庭裁判所○○支部　御中

不在者○○不在者財産管理人

申立人　弁護士　○○

当 事 者 の 表 示

住所 ○ ○

不在者○○の不在者財産管理人　○○

本籍 ○ ○

従来の住所地 ○ ○

不在者 ○ ○

選任処分取消申立事件

申 立 て の 趣 旨

令和○年○月○日付不在者○○の不在者財産管理人選任処分を取り消すとの審判を求める。

申 立 て の 実 情

1　令和○年○月○日、御庁より不在者○○の不在者財産管理人として申立人が選任された（令和○年（家）第○○号）。

2　不在者は、・・・に所在することが判明し、自ら財産管理ができるようになった。

3　よって、申立ての趣旨の審判を求める。

以　上

添付資料

・住民票

失踪宣告

不在者財産管理人が失踪宣告申立をする場合の注意点を教えてください。

不在者財産管理人と失踪宣告制度

不在者財産管理人の財産管理が長期化すると法律関係も安定しません。不在者の生死が明らかでない状態が長く続いていると、親族や利害関係人との間の法律関係が安定せず、不在者財産管理人にとっても業務が終了しません。

失踪宣告は、不在者の生死が一定期間明らかでない場合に、利害関係人の申立てにより、不在者について死亡したものとみなす制度です(民法30条)。

不在者財産管理人は、不在者の状況や時期を見て、失踪宣告の申立ての検討をします。

【民法30条（失踪の宣告)】

1　不在者の生死が7年間明らかでないときは、家庭裁判所は、利害関係人の請求により、失踪の宣告をすることができる。

2　戦地に臨んだ者、沈没した船舶の中に在った者その他死亡の原因となるべき危難に遭遇した者の生死が、それぞれ、戦争が止んだ後、船舶が沈没した後又はその他の危難が去った後1年間明らかでないときも、前項と同様とする。

☑ 不在者が死亡したものと取り扱う失踪宣告は推定相続人にとって関心事ですから、推定相続人全員の意向を把握します。

☑ 失踪の事実確認をします。

【民法31条（失踪の宣告の効力）】
前条第１項の規定により失踪の宣告を受けた者は同項の期間が満了した時に、同条第２項の規定により失踪の宣告を受けた者はその危難が去った時に、死亡したものとみなす。

失踪宣告の種類

普通失踪

不在者の生死が７年間明らかでないときに、利害関係人の申立てにより家庭裁判所が失踪の宣告をします（民法30条１項）。

この普通失踪の場合には、不在者の最後に生存が確認された日から７年の期間が満了した日に死亡したものとみなされます(民法31条)。

特別失踪

危難を原因とした不在者の生死について危難が去って１年間生死が明らかでないときに、利害関係人の申立てにより家庭裁判所が失踪の宣告をします（民法30条２項）。

この特別失踪の場合には危難が去った日に死亡したものとみなされます（民法31条）。

失踪宣告の申立ての適否

不在者財産管理人は、不在者の生死が明らかでない状態が永続して、普通失踪や特別失踪の要件を満たした場合、失踪宣告の申立てを検討します。

ただし、不在者を死亡と取り扱う失踪宣告については、推定相続人、親族の心情にも配慮することが重要です。死亡という効果を受け入れたくない人もいます。また、不在者の失踪宣告が確定しても、現実に

【失踪宣告制度の流れ】　半年～1年くらい

① 失踪宣告申立

↓

② 家庭裁判所における審理

↓

③ 失踪に関する届出の催告の公告（普通失踪の場合3カ月）

↓

④ 失踪宣告の審判

↓

⑤ 失踪宣告の公告、失踪届の提出

は失踪者（不在者）の相続人に財産を引き継ぐことができなければ、不在者財産管理人の業務が終了しません。

そこで、不在者財産管理人は、不在の状況から失踪宣告申立が相当と判断する場合には、親族、推定相続人全員の意向を把握し、理解を得たうえで申立てをすべきです。

もちろん、不在者財産管理人が失踪宣告制度を利用しようと検討せずとも、親族や推定相続人において失踪宣告申立をするケースもあります。

【不在者財産管理人と失踪宣告申立の関係】

不在者財産管理人と失踪宣告申立の関係ついて、ある人が不在となり失踪宣告に必要な期間経過前に不在者財産管理人が選任され、期間経過後の状況を踏まえて、不在者財産管理人が失踪宣告申立を検討するのがスタンダードな場合です。

すでに失踪宣告申立が可能であるのに、不在者財産管理人が選任されることも考えられます。この場合、不在者財産管理人選任申立人の手続選択の意図を把握して配慮します。死亡という効果を受け入れられない親族が存在する可能性もあります。時の経過により失踪宣告申立に適した状況を把握したならば、不在者財産管理人は失踪宣告の申立てを検討します。失踪宣告の効果は遡及しますが、不在者財産管理人としての行為は無効にはならないと考えられています。

また、親族において事実上、不在者の財産が管理され、普通失踪や特別失踪の要件を満たした段階で当該親族において失踪宣告申立をするケースもあります。不在者財産管理人が選任されないまま失踪宣告の審判となるケースもあります。

失踪宣告申立の実務

不在者財産管理人による失踪宣告申立について整理します。

申立適格

失踪宣告は、利害関係人による申立てが必要です。一般には次のようなものが該当します。

不在者財産管理人は、不在者の財産を管理する代理人ですから利害関係人に当たると考えられます。

□ 不在者の親族（配偶者、推定相続人）
□ 受遺者
□ 不在者財産管理人　など

推定相続人の意向

●推定相続人の意向の把握

失踪宣告の申立ては、不在者財産管理人において単独ですることができます。不在者が死亡したものとみなされると、不在者の財産は相続財産となり、相続人に引き継ぐ必要があります。相続人に財産を引き継ぐことができなければ、事実上、不在者財産管理人の業務も終了しません。不在者財産管理人は、推定相続人の存在を把握して、その意向を知っておく必要があります。

●推定相続人の意向調査

不在者財産管理人が失踪宣告の申立てをする場合には、事前に推定相続人の有無を調査して、推定相続人がいれば意向調査をします。

推定相続人が多数に及ぶ場合には、各推定相続人に対して文書で照会して回答してもらうなどの工夫をします。回答書は失踪宣告申立の補充資料の１つになります。

そして、推定相続人が失踪宣告申立に同意した場合でも、不在者の財産を現実に引き渡す必要がありますから、現実に引き渡すことが可能かどうか見極めて調整します。

推定相続人が不存在であれば、相続財産管理人選任申立の検討もします。

【推定相続人に対する失踪宣告の申立ての意向調査事項】

□ 不在者財産管理人による失踪宣告申立に対する賛否

□ 賛成する場合、不在者（失踪者）の財産に関する意見

不在者の生死が明らかでないこと

●失踪の事実確認

不在者の生死が明らかでない状態の永続性が要件となります。行方がわからないだけで、生存が確認できるのであれば認められません。

不在者財産管理人において不在者の生死が明らかでない状態の永続性（失踪の事実）を示す証拠を提出します。不在者財産管理人選任申立時に、選任申立人が提出した不在の事実に関する証拠をそのまま失踪の事実に関する証拠として使用できることもあります。とはいえ、不在者であっても失踪者にあたるとは限りませんので注意が必要です。

そこで、不在者財産管理人は改めて不在の事実、失踪の事実について確認して必要な調査をします。

不在者財産管理人は推定相続人に対して、失踪宣告の申立てに関する推定相続人の意向調査をするとともに失踪の事実確認をすることもよいと思います。

【失踪の事実の確認事項】

- □ 回答者と失踪者との関係
- □ 失踪者と最後に会った日、連絡を取った日
- □ 失踪時の失踪者の居所
- □ 失踪した時の状況
- □ 失踪者について、知っている可能性の高い人の有無、その方の情報など

●最後に生存が確認された日（危難が去った日）の確認

普通失踪の場合、不在者が最後に生存を確認された日から７年が満了した日が死亡日とみなされます。特別失踪の場合、危難が去った日が死亡日とみなされます。

不在者財産管理人は、最後に生存が確認された日や危難が去った日を可能な限り特定します。

普通失踪の場合、親族への調査結果や証拠に基づき不在者の不在前の情報から現在に至るまでの情報を整理します。不在者の生活歴や健康状態などを把握し、不在となった時期、経緯、動機などを推測、整理します。

住民票の異動状況から最後の生存が確認された日が特定できる場合もあります。

申立書や証拠書類の提出

不在者財産管理人は申立書を作成して、証拠書類とともに家庭裁判所に提出します（222頁参照）。管轄裁判所は、不在者の従来の住所地を管轄する家庭裁判所となります（家事事件手続法148条１項）。

申立書のほか、標準的な添付書類は、次のようなものとなります。

□ 失踪者の戸籍謄本、戸籍附票

□ 失踪を証する証拠類

宛所なしで返送された封書、現地調査結果、関係者からの聴取結果、搜索願に関する書類　など

□ 利害関係を示す書類

不在者財産管理人選任審判書の謄本　など

【家事事件手続法148条】

1　失踪の宣告の審判事件（別表第1の56の項の事項についての審判事件をいう。次項において同じ。）は、不在者の従来の住所地又は居住地を管轄する家庭裁判所の管轄に属する。

2　（以下省略）

【失踪宣告申立書の例】

受付印	家事審判申立書　事件名（　失踪宣告　）
	（この欄に申立手数料として１件について８００円分の収入印紙を貼ってください。） 印紙 （貼った印紙に押印しないでください。） （注意）登記手数料としての収入印紙を納付する場合は，登記手数料としての収入印紙は貼らずにそのまま提出してください。

収入印紙	円	
予納郵便切手	円	
予納収入印紙	円	

準口頭		関連事件番号　平成・令和　　年（家　　）第　　　号

○○　家庭裁判所 御中 令和 ○ 年 ○ 月 ○ 日	申立人 （又は法定代理人など） の記名押印	○○　　　印

添付書類	

申立人	本籍 （国籍）	（戸籍の添付が必要とされていない申立ての場合は，記入する必要はありません。） 都道 府県	
	事務所 住所	〒 ○○○ － ○○○○　　電話　○○○（○○○）○○○○ **○○県○○市○○町○丁目○○番○○号○○法律事務所** （　　　　方）	
	連絡先	〒　－　　電話　（　　） （注：住所で確実に連絡ができるときは記入しないでください。） （　　　　方）	
	フリガナ 氏名	○○	昭和 [平成] 令和　○ 年 ○ 月 ○ 日生 （　○○　歳）
	職業	**弁護士**	
※ 不在者	本籍 （国籍）	（戸籍の添付が必要とされていない申立ての場合は，記入する必要はありません。） ○○　都道府（県）　**○○市○○町○丁目○番地**	
	最後の 住所	〒 ○○○ － ○○○○　　電話　（　　） **○○県○○市○○町○○番○○号** （　　　　方）	
	連絡先	〒　－　　電話　（　　） （　　　　方）	
	フリガナ 氏名	コウノ　イチロウ **甲野　一郎**	昭和 [平成] 令和　○ 年 ○ 月 ○ 日生 （　○○　歳）
	職業	**不明**	

（注）　太枠の中だけ記入してください。
※の部分は，申立人，法定代理人，成年被後見人となるべき者，不在者，共同相続人，被相続人等の区別を記入してください。

別表第一（１/２）

申立ての趣旨

不在者に対し、失踪宣告するとの審判を求める。

申立ての理由

1　申立人は、不在者甲野一郎の不在者財産管理人である。

2　不在者は、平成○年○月○日に配偶者と離婚し、その後、○○県内のアパートに一人で居住し無職であった。

平成○年頃より不在者は親族との連絡を取っておらず、音信不通の状態となった。住民票上は、平成○年○月○日に○○県に転居した記録があるが、これを最後に転居の形跡は見られず行方不明である。

3　令和○年○月○日、不在者の父が死亡し相続が発生したため、不在者との間で遺産分割協議をする必要性が生じた。

不在者の兄が、唯一の手がかりである住民票上の住所地を訪ねたが居住の形跡はなかった。その後、不在者の兄が不在者財産管理人選任申立をして、申立人が不在者財産管理人に選任された（御庁令和○年（家）第○○号）。

4　不在者が○○県に転居してからすでに7年以上も経過しているが、この間一切の連絡や所在を窺わせる事実がなく、不在者の生死は不明である。申立人は改めて不在者の親族、その他の利害関係人に対して、不在者の所在を尋ねたが、不在者の所在を知る者は現れず、今後、不在者が帰来する可能性は見込まれない。

そして、申立人が失踪宣告申立をすることについて、不在者の推定相続人全員が同意するに至った。

5　以上から、申立ての趣旨の通りの審判を求める。

以上

家庭裁判所での審理

家庭裁判所が失踪宣告の手続きを進めます。

失踪宣告は不在者を死亡と取り扱うという意味で、不在者にとっては不利益といえる措置です。家庭裁判所は、失踪の事実確認のため、調査官調査などを実施することも多いです。失踪の事実確認は慎重に行っています。

弁護士の不在者財産管理人であっても、失踪の事実確認のために調査官調査を受けることもあります。

失踪に関する届出の催告

家庭裁判所の審理を経て相当と判断された場合、家庭裁判所において「失踪に関する届出の催告」を官報に掲載します。公告のための費用は失踪宣告申立人に予納することが求められます。

家庭裁判所は、公告によって、不在者や不在者の生死を知る者に生存の届出を促します。

家庭裁判所において届出期間を定めますが、普通失踪においては3カ月、特別失踪においては1カ月を下ってはならないとされています。この公告は家庭裁判所が職権で措置を取ります（家事事件手続法148条3項）。

【家事事件手続法148条】
1～2（省略）
3　家庭裁判所は、次に掲げる事項を公告し、かつ、第2号及び第4号の期間が経過しなければ、失踪の宣告の審判をすることができない。この場合において、第２号及び第４号の期間は、民法第30条第１項の場合にあっては３月を、同条第２項の場合にあっては１月を下ってはならない。

① 不在者について失踪の宣告の申立てがあったこと。
② 不在者は、一定の期間までにその生存の届出をすべきこと。
③ 前号の届出がないときは、失踪の宣告がされること。
④ 不在者の生死を知る者は、一定の期間までにその届出をすべきこと。

4 （以下省略）

【失踪に関する届出の催告の公告例】

失踪に関する届出の催告

次の申立人から不在者に対し失踪宣告の申立てがあったので、不在者は、届出期間満了の日までに当裁判所に生存の届出をしてください。届出がないときは、失踪宣告を受けることになります。また、不在者の生死を知る者は、同日までにその旨当裁判所に届け出てください。

令和○年（家）第○号
住所○○　申立人　○○
本籍○○
最後の住所○○
不在者○○
昭和○年○月○日生
届出期間満了日　令和○年○月○日

○○家庭裁判所○○支部

失踪宣告

公告手続を経て、申立てが相当と判断される場合には、家庭裁判所は失踪宣告の審判をします。

【失踪宣告の審判書の例】

令和○年（家）第○○○号

審　　判

本籍　○○

住所　○○

申立人　○○

本籍　○○

従来の住所　○○

不在者　○○

生年月日　○○

上記申立人からの失踪宣告申立事件について、当裁判所は公告の手続きをしたうえで、不在者は平成○年○月○日以来７年以上生死がわからないものと認め、次の通り審判する。

主　　文

1　不在者○○を失踪者とする。

2　手続費用は、申立人の負担とする。

令和○年○月○日

○○家庭裁判所家事部

裁判官　○○

これは謄本である

前同日同庁

裁判所書記官　・・㊞

失踪宣言の確定

失踪宣告の審判は即時抗告ができます(家事事件手続法148条5項)。審判が却下された場合、失踪宣告申立人（不在者財産管理人）は、即時抗告を検討します。

失踪宣告が確定したならば、失踪宣告申立人（不在者財産管理人）は、市区町村役場に戸籍届を提出しなければなりません。戸籍届の提出には審判書謄本や審判確定証明書（次頁参照）が必要となります。

審判確定証明書は、失踪宣告申立人（不在者財産管理人）が家庭裁判所に対し、審判書謄本請求と同じ要領で入手します(46頁参照)。審判確定前に審判確定証明書の申請書を提出しても、家庭裁判所は申請書を預かってくれて審判確定後に確定証明書を発行してくれることもあります。

戸籍実務では審判確定後10日以内に届出をする必要があるので、期間の徒過には注意します。

失踪宣告が確定した場合、家庭裁判所は失踪宣告が確定した旨の公告をします（230頁参照)。

【家事事件手続法148条】
1～4（省略）
5　次の各号に掲げる審判に対しては、当該各号に定める者（第1号にあっては、申立人を除く。）は、即時抗告をすることができる。
　①　失踪の宣告の審判　不在者及び利害関係人
　②　失踪の宣告の申立てを却下する審判　申立人

【確定証明書の例】

審判確定証明書

事件の表示　令和○年（家）第○号　失踪宣告申立事件

当事者の表示　申立人○○　　不在者○○

審判年月日　　令和○年○月○日

確定年月日　　令和○年○月○日

以上の通り証明する。

令和○年○月○日

○○家庭裁判所
裁判所書記官　○○　㊞

【失踪宣告の公告例】

失踪宣告

令和○年（家）○号

　本籍　○○

　最後の住所　○○

　不在者　○○

　昭和○年○月○日生

　令和○年○月○日失踪宣告審判確定

○○家庭裁判所裁判所書記官

失踪届の提出

失踪届の作成

失踪宣告申立人(不在者財産管理人)は審判確定日から10日以内に、市区町村役場に対して失踪届を作成して提出します（戸籍法94条、63条１項）（次頁参照）。

届出に必要な書類は、失踪届、失踪宣告の審判書謄本、確定証明書になります。なお、届出先に本籍がない場合には、失踪者の戸籍謄本が必要となる場合があります。

【戸籍法　10日以内ルール】

弁護士が取り扱う離婚事件においても、裁判上の和解で離婚が成立した場合、和解成立日（離婚成立日）から10日以内に市区町村役場に離婚届を提出する必要があります（戸籍法77条１項、63条１項）。

離婚届と一緒に提出が必要となる和解調書は和解成立日の後に発行されることも多いです。弁護士が後日、和解調書を入手して、これを依頼者に交付して依頼者が離婚届を提出する余裕はあまりありません。ただし、実務上、10日以内に届出ができなかった場合、理由書を書くなどして救済されている例が多いようです。

不在者財産管理人が失踪届を提出する場合は、失踪宣告の審判を受けて審判確定日までの余裕もあります。自らが届出をするのですから期間を守らねばなりません。

戸籍（除籍）謄本の入手

失踪届の提出が済んだならば、失踪宣告の記載がある戸籍（除籍）謄本を入手して確認します。不在者財産管理人は、戸籍（除籍）謄本をもって、不在者が死亡したことを前提とした手続きを取ることができます。

【失踪届】

失　踪　届	受理　平成　年　月　日 第　号	発送　平成　年　月　日
平成２３年１２月２５日届出 **※届出日を記入してください** 埼玉県春日部市長　殿	送付　平成　年　月　日 第　号	埼玉県春日部市長　印

書類調査	戸籍記載	記載調査	附　票	住民票	通　知		

(よみかた) 失踪した人の氏名	かすかべ 氏 **春日部**	たろう 名 **太　郎**　　大正・(昭和)・平成４０年９月９日生
最後の住所	**埼玉県春日部市中央**　６　(丁目)　２　(番地) 番　号 （方書・マンション名）	
	世帯主の氏名　**春日部　花子**	
本　籍	**埼玉県春日部市金崎**　８３９　丁目　(番地)　１ 番	
	筆頭者の氏名　**春日部　太郎**	
死亡とみなされる年月日	平成２２年１０月１日	
審判確定の年月日	平成２３年１２月２０日	
その他		
届出人	□夫　☑妻　□父　□母　□その他（　　　　）	
	住　所　**埼玉県春日部市中央**　６　(丁目)　２　(番地) 番　号	
	本　籍　**埼玉県春日部市金崎**　８３９　丁目　(番地)　１ 番　筆頭者の氏名　**春日部　太郎**	
	署　名　**春日部　花子**　　印　　昭和４３年１０月１０日生	

※持参するもの　審判書謄本と確定証明書、印鑑
※本籍地以外へ届出する場合は戸籍全部事項証明書（戸籍謄本）を添付してください。

連絡先	電話　048（736）1111 (自宅)・携帯・勤務先・呼出

失踪宣告の効果

失踪宣告の効力

失踪者は死亡したものとみなされます。失踪宣告の審判との関係では、死亡したとみなされる時期は遡及します。

死亡したものとみなされる時以降に、不在者財産管理人が許可審判を得て財産の処分行為をしていることも考えられますが、その行為の効力は否定されないと考えられます。

失踪宣告の取消し

失踪宣告の審判確定後に失踪者が生存すること、または、異なる時点で死亡したことが判明した場合には、本人、または、利害関係人は失踪宣告の取消申立をすることができます（民法32条１項前段）。

戸籍に失踪宣告の事実が記載されるので、これに気が付いた本人において失踪宣告の取消申立をするケースも考えられます。

家庭裁判所は申立てを相当と判断すると、失踪宣告を取り消します。失踪宣告の取消しが確定すると、家庭裁判所において失踪宣告の取消しの公告の措置を取ります。

失踪宣告の取消しにより、失踪宣告に基づいた行為はすべて取消無効となります。失踪者が現れたわけですから、失踪者の相続人として受領した財産は失踪者本人のものとして取り扱うのです。

なお、取消し前に善意でした行為の効力は失いません（民法32条１項後段）。また、失踪宣告によって財産を得た者は、取消しによって権利を失いますが、取消しによって返還する財産の範囲は現存利益に限定されます（民法32条２項）。

【民法32条（失踪の宣告の取消し）】
1　失踪者が生存すること又は前条に規定する時と異なる時に死亡したことの証明があったときは、家庭裁判所は、本人又は利害関係人の請求により、失踪の宣告を取り消さなければならない。この場合において、その取消しは、失踪の宣告後その取消し前に善意でした行為の効力に影響を及ぼさない。
2　失踪の宣告によって財産を得た者は、その取消しによって権利を失う。ただし、現に利益を受けている限度においてのみ、その財産を返還する義務を負う。

相続人に対する引継ぎ、選任処分の取消し

失踪宣告が確定したら、失踪者（不在者）は死亡したものとみなされます。

そこで、不在者財産管理人は、失踪者（不在者）の財産を相続人に引き渡します。不在者財産管理人は立替費用や報酬付与申立の審判を得て報酬を清算し、残った財産を相続人に引き継ぎます。原則として、相続人間でのトラブル防止の観点から、相続人全員へ引き渡すようにします。

不在者財産（相続財産）の相続人への引継ぎを完了したら、不在者財産管理人選任処分の取消しをするように家庭裁判所に申し入れ、選任処分が取り消されると、不在者財産管理人の業務は終了します（次頁参照）。

【管理報告書の例】

令和〇年（家）第〇号
不在者財産管理人選任事件

管理報告書（管理終了）

令和〇年〇月〇日

〇〇家庭裁判所家事審判官　殿

不在者〇〇不在者財産管理人
弁　護　士　　〇〇　　㊞

頭書の事件について、当管理人は管理中の不在者の財産をすべて不在者（失踪者）の相続人に引き継ぎました。

よって、管理業務が終了したので、その旨を報告します。

添付資料

・管理事務経過一覧表
・財産目録
・解約後の通帳のコピー
・受領証、振込書の写し
・戸籍謄本〇通（失踪宣告の記載のあるもの、失踪者の相続人がわかるもの）

辞　任

別の人に不在者財産管理人の地位を譲りたいと考えています。不在者財産管理人を辞任することはできますか。

上申書の作成提出

不在者財産管理人業務は長期化することも多いです。この間、不在者財産管理人が弁護士業を廃業する、遠方に転籍する、休業するなど様々な事情から業務継続が困難となることも考えられます。

不在者財産管理人の辞任に関する条文はありません。家庭裁判所は不在者財産管理人の改任権（家事事件手続法146条１項）がありますので、改任権の発動を促す上申書を作成するなどして、働きかけます。

【家事事件手続法 146 条（管理人の改任等）】
1　家庭裁判所は、いつでも、民法第 25 条第 1 項の規定により選任し、又は同法第 26 条の規定により改任した管理人を改任することができる。
2　（以下省略）

☑ 辞任に関する条文はありません。

☑ 不在者財産管理人は家庭裁判所に対し、改任権発動を促す上申書を作成提出することで、改任されることがあります。

☑ 後任について候補者を立てることもできます。

改任の審判

不在者財産管理人が上申書を提出すると、通常、家庭裁判所が職権発動して改任の審判をします。公告の手続きはありません。

不在者財産管理人は業務継続が困難だと述べていますので、家庭裁判所も不在者財産管理人に業務を強いる理由も乏しく、改任されることが多いです。改任ですので、別の者が選任されます。

後任について知合いの弁護士や同僚の弁護士などを候補者に立てるのもよいでしょう。引継ぎがスムーズにいくと思われます。

改任（辞任）に際し、不在者財産管理人は事前に利害関係人に対して改任（辞任）の予告をしておいたほうがよいケースもあると思います。また改任後には後任者と相談のうえ、必要な対応をします。円滑な引継ぎができるよう工夫すべきです。

著者略歴

弁護士　吉村 孝太郎（よしむら こうたろう）

埼玉弁護士会所属。慶應義塾大学法学部卒業。2007年司法修習終了・同年弁護士登録。弁護士登録以来、埼玉県川口市内で弁護士業務に従事している。中小企業のコンプライアンス整備などの企業法務、労働問題、請負代金トラブルなどの一般民事事件、離婚、相続などの家事事件など幅広い分野に携わる。近年、破産管財人、清算人、仮取締役、相続財産管理人、不在者財産管理人、成年後見人などに選任されることが多い。
執筆として「ビジネスガイド」（日本法令）、監修として「中小建設業の労務管理と経営改善」（日本法令）などがある。

弁護士のためのイチからわかる
相続財産管理人・不在者財産管理人の実務

令和３年１月20日　初版発行
令和５年２月10日　初版２刷

検印省略

日本法令®

著　者　吉村孝太郎
発行者　青木健次
編集者　岩倉春光
印刷所　三報社印刷
製本所　国宝社

〒 101-0032
東京都千代田区岩本町１丁目２番 19 号
https://www.horei.co.jp/

（営　業）　TEL　03-6858-6967　　Eメール　syuppan@horei.co.jp
（通　販）　TEL　03-6858-6966　　Eメール　book.order@horei.co.jp
（編　集）　FAX　03-6858-6957　　Eメール　tankoubon@horei.co.jp

（バーチャルショップ）　https://www.horei.co.jp/iec/
（お詫びと訂正）　https://www.horei.co.jp/book/owabi.shtml
（書籍の追加情報）　https://www.horei.co.jp/book/osirasebook.shtml

※万一、本書の内容に誤記等が判明した場合には、上記「お詫びと訂正」に最新情報を掲載しております。ホームページに掲載されていない内容につきましては、FAX または E メールで編集までお問合せください。

ISBN 978-4-539-72797-3